Groß | Der Siebenjährige Krieg 1756–1763

Kriege der Moderne

Herausgegeben vom Zentrum für Militärgeschichte und Sozialwissenschaften der Bundeswehr

Gerhard P. Groß

Der Siebenjährige Krieg 1756–1763

Reclam

Zentrum für Militärgeschichte und Sozialwissenschaften der Bundeswehr, Fachbereich Publikationen (0911-01)

2023 Philipp Reclam jun. Verlag GmbH,
Siemensstraße 32, 71254 Ditzingen
Umschlaggestaltung: Philipp Reclam jun. Verlag GmbH
Umschlagabbildung: Richard Wright, The Battle of Quiberon Bay, 21. November 1759: the Day After, 1760 – © National Maritime Museum, Greenwich, London / Bridgeman Images
Druck und Bindung: Firmengruppe APPL, aprinta druck GmbH,
Senefelderstraße 3–11, 86650 Wemding
Printed in Germany 2023
RECLAM ist eine eingetragene Marke der
Philipp Reclam jun. GmbH & Co. KG, Stuttgart
ISBN 978-3-15-011448-3

Auch als E-Book erhältlich

www.reclam.de

MIX
Papier | Fördert gute Waldnutzung
FSC® C004592
FSC www.fsc.org

Dieses Buch wurde klimaneutral gedruckt.

Alle CO_2-Emissionen, die beim Druckprozess unvermeidbar entstanden sind, haben wir durch ein Klimaschutzprojekt ausgeglichen.

Nähere Informationen finden Sie hier:

Klimaneutral
Druckprodukt
ClimatePartner.com/14058-1912-1001

Inhalt

↗ Am 28. Mai 1754 eröffneten unter Führung von Oberstleutnant George Washington (1732–1799) britische Milizionäre unterstützt von Indigenen in der Nähe des Forts Necessity das Feuer auf einen französischen Erkundungstrupp. Kolorierter Holzstich, 19. Jahrhundert

An den Ufern des Ohio

Am Morgen des 28. Mai 1754 betrat ein erst 22-jähriger Mann die Weltbühne – George Washington. Nach seiner mehrere Monate zuvor durchgeführten Erkundungsmission in das Ohiotal war er zum Oberstleutnant der Miliz von Virginia befördert worden. Nun hatte er den Auftrag erhalten, am Zusammenfluss des Monongahela- und des Allegheny-Flusses ein Fort zu errichten, die heutige Stadt Pittsburgh. Denn es bestand die Gefahr, dass die Franzosen ihre imperiale Herrschaftszone in Nordamerika (La Nouvelle-France, Neufrankreich), die sich im Norden von der Labrador-Halbinsel über den St.-Lorenz-Strom bis zu den Großen Seen und im Süden von der Mississippimündung bis nach Illinois erstreckte, mit dem Besitz des strategisch wichtigen Ohiobeckens abrundeten. Das hätte die britischen Siedler, die in den an der Atlantikküste von Georgia bis Maine gelegenen Kolonien lebten, daran gehindert, weiter ins westliche Landesinnere vorzudringen.

»Jedermann weiß, dass die Wirren, die Europa aufwühlen, ihren Anfang in Amerika genommen haben, dass der zwischen den Engländern und Franzosen ausgebrochene Streit um Stockfischfang und um einige unbekannte Gebiete in Kanada den Anstoß zu dem blutigen Kriege gegeben hat, der unseren Erdteil in Trauer versetzt. Jener Krieg war von Besitzungen der deutschen Fürsten so weit entfernt, dass sich schwer absehen lässt, wie der Brand von einem Erdteile zu einem anderen übergreifen konnte, der scheinbar keine Verbindung zu ihm hat.«
(Friedrich der Große, *Rechtfertigung meines politischen Verhaltens*, Juli 1757)

Frankreich war jedoch nicht in der Lage, La Nouvelle-France politisch und militärisch zu kontrollieren. Es konnte lediglich mit Handelsstützpunkten oder Forts an größeren Flüssen oder an den Großen Seen eine sporadische Herrschaft in dem seit 1663 zur französischen Provinz und damit zum französischen Staatsgebiet gehörenden Territorium etablieren, zumal in dem riesigen Gebiet neben den indigenen Stämmen, u. a. Huronen, Irokesen, Algonquin und Montagnais, nur wenige französische Siedler lebten. Zudem gab es seit Jahren immer wieder schwere Kämpfe zwischen französischen Siedlern und den in der Irokesen-Konföderation zusammengeschlossenen Stämmen der Mohawk, Onondaga, Seneca, Oneida, Tuscarora und Cayuga. Angesichts dieser Lage bot sich den Briten mit Unterstützung der verbündeten Seneca die Chance, dem weiteren französischen Vordringen am Ohio nach Süden notfalls auch mit Waffengewalt einen Riegel vorzuschieben.

Mit gerade 160 Milizionären sowie Indigenen vom Stamm der Seneca aus der britischen Kolonie Virginia war Washington Anfang April 1754 aufgebrochen, um vor Ort festzustellen, dass die Franzosen ihm zuvorgekommen waren und an der strategisch wichtigen Ohiogabelung das Fort Duquesne erbaut hatten. Washington errichtete daraufhin in der Nähe das Fort Necessity. Den Franzosen blieb dies nicht verborgen. Unter dem Kommando des jungen Offiziers Joseph Coulon de Villiers de Jumonville sandten sie 35 Mann aus, um Washingtons Absichten aufzuklären und ihn aufzufordern, das Gebiet unverzüglich zu verlassen. Dieser überfiel jedoch am Morgen des 28. Mai den französischen Erkundungstrupp, der sich nach kurzem Widerstand ergab.

Die mit Washington verbündeten Seneca ermordeten nach Beendigung der Kämpfe Joseph Coulon de Villiers de Jumonville (1718–1745) und einige seiner Männer brutal. Washington wollte oder konnte das Massaker nicht verhindern. Holzstich, 19. Jahrhundert

Scharmützel wie dieses gab es im Tal des Ohio, wo sich die britischen und die französischen Interessensphären in Nordamerika überschnitten, seit Monaten immer wieder. Dieses Gefecht brachte jedoch einen Stein ins Rollen, an dessen Ende ein globaler Krieg stand, denn sowohl Jumonville als auch mehrere seiner Männer wurden nach der Beendigung der Kämpfe von einer mittlerweile mit den Briten verbündeten Gruppe von Seneca unter Führung ihres Halbkönigs Tanaghrisson skalpiert und brutal ermordet. Washington, der diese Ereignisse später herunterspielte, konnte oder wollte das Massaker nicht verhindern.

Washingtons Vorgehen sollte in den nächsten Jahren gravierende Folgen zeigen. Noch bevor die Nachricht von dem Massaker am Monongahela die Regierungen in London und Versailles erreichte, reagierten die Franzosen vor Ort. Sobald im Fort Duquesne Verstärkungen eingetroffen waren, eroberten 600 Franzosen und etwa 100 mit ihnen verbündete Delaware und Shawnee unter dem Kommando des älteren Bruders von Jumonville Fort Necessity. Die Franzosen, die Washington freien Abzug gewährten, beherrschten nun das strategisch wichtige Ohiotal. Die britisch-französische Rivalität in Nordamerika hatte seit dem ausgehenden 17. Jahrhundert zu mehreren Kriegen geführt, die aber alle keine Entscheidung der strittigen Grenzfragen gebracht hatten. Nun eskalierte die Lage, und ohne Kriegserklärung kämpften Frankreich und Großbritannien erneut um die Vorherrschaft in Nordamerika.

Die Nachricht von dem Massaker entfachte in Versailles einen Sturm der Entrüstung und verstärkte die Entschlossenheit, den nach Westen vordringenden Briten unter allen Umständen die Stirn zu bieten und die Ansiedlung britischer Siedler zu verhindern. Dies war für die französische Führung von großer Bedeutung, da in dem riesigen französischen nordamerikanischen Kolonialreich lediglich 60 000 Franzosen siedelten, während in den britischen Kolonien mehr als zwei Millionen Menschen lebten. Folgerichtig entschied die französische Regierung, ihr Engagement in den nordamerikanischen Kolonien sowohl zu See als auch zu Land zu verstärken.

Auch in London standen die Zeichen nicht auf Deeskalation, führte die Kapitulation Washingtons der britischen Regierung doch unmissverständlich vor Augen, dass ihr die Lage in Nordamerika zu entgleiten drohte. Nachdem die Regierung in den letzten Jahren den Vorgängen in Nordamerika keine große Bedeutung beigemessen hatte, änderte sie nun ihren Kurs. Sie entsandte zwei irische Regimenter nach Virginia. Unter Führung von General Edward Braddock sollten sie die Franzosen aus dem Ohiotal vertreiben und so eine weitere Expansion ins Landesinnere ermöglichen.

Ende Mai 1755 brach Braddock mit seiner für amerikanische Verhältnisse großen Streitmacht von fast 3000 Mann in Richtung Ohio auf. In seinem gut zehn Kilometer langen Tross führte er zehn Geschütze und

Kriegsschauplatz Nordamerika
Hudsonstraße
Labrador-see
Hudson Bay
Rupertsland (Hudson-Bay Company)
Albany
Neu-fundland
Kanada
St.-Lorenz-Golf
Kap-Breton-Insel
Louisbourg 1758
Nipigon-See
CREE
ALGONKIN/ OTTAWA
Québec 1759
Neu-Braun-schweig
Maine (zu Mass.)
Halifax
Neu-Schottland
Oberer See
Ottawa
Montreal
St.-Lorenz-Strom
1758 Frontenac
Ticonderoga 1758
Huron-See
Ontario-S.
Oswego 1756
1759 Niagara
1 New Hampshire
2 Massachusetts Bay
3 Connecticut
4 Rhode Island
5 New Jersey
6 Maryland
7 Delaware
Boston
Plymouth
DAKOTA (SIOUX)
Michigan-See
Detroit
Erie-S.
Alleg.
New York
New York
ATLANTISCHER OZEAN
Illinois
IROKESEN
Pennsylvania
Philadelphia
Duquesne 1754
Necessity
Baltimore
MIAMI
SHAWNEE
Mon.
Ohio
Mississippi
Virginia
Williamsburg
Louisiana
Tennessee
North-Carolina
CHEROKEE
Wilmington
South-Carolina
Charleston
Georgia
COMANCHE
Savannah
CREEK
Natchez
Pensacola
St. Augustine
SEMINOLEN
New Orleans
Spanisch-Florida
Golf von Mexiko
0 500 km
Territorialer Besitz und Ansprüche vor Beginn des Krieges
britisch (13 Kolonien)
Georgia
französisch (»Neufrankreich«)
spanisch
umstritten britisch-französisch
umstritten britisch-spanisch
CREE Indigene Stämme (Auswahl)
Appalachen-Gebirge
Alleg. Allegheny
Mon. Monongahela
Zuflüsse des Ohio River
Siedlung/Fort/Festung (Auswahl)
britisch
französisch
spanisch
Schlachten/Gefechte (Auswahl)
1758 britischer Sieg
1758 französischer Sieg
Quellen: Füssel, Der Preis des Ruhms, Eine Weltgeschichte des Siebenjährigen Krieges 1756-1763, S. 91;
Putzger, Atlas und Chronik zur Weltgeschichte, 2002;
https://etc.usf.edu/maps/pages/5200/5276/5276.htm (15.08.2023); https://schoolwires.henry.k12.ga.us/cms/lib/GA01000549/Centricity/Domain/3732/French and Indian War.pdf (15.08.2023).
©ZMSBw 08617-03

Die britischen Regimenter gerieten am 9. Juli 1755 am Monongahela in einen französischen Hinterhalt. Nach schweren Verlusten mussten sie sich zurückziehen. Gemälde von Edwin Willard Deming (1860–1942)

acht Mörser mit. Sehr schnell musste Braddock erkennen, dass die Wegeverhältnisse in den Appalachen ein schnelles Vorrücken mit den schweren Geschützen verhinderten. Er teilte daher seine Streitmacht in zwei Kolonnen auf. Die 1300 Mann starke Voraustruppe erreichte ohne die Artillerie – sie folgte in einem Abstand von ca. 60 Meilen – nach Gewaltmärschen durch schwierigstes Gelände am 9. Juli 1755 den Monongahela. Dort aber hatten ihr die zahlenmäßig deutlich unterlegenen Franzosen einen Hinterhalt gelegt. Gemeinsam mit ihren indigenen Verbündeten nahmen sie, gedeckt durch Büsche und Bäume, die in geschlossenen Formationen marschierenden Briten unter Beschuss. Gegen die an das Gelände angepasste Kampfweise der Indigenen und Franzosen waren die Briten chancenlos. Die jede Deckung nutzenden Angreifer fügten mit ihrem Einzelfeuer den in Schützenreihen kämpfenden Rotröcken sehr schnell hohe Verluste zu. Nach wenigen Minuten waren viele britische Offiziere gefallen. Da sie oft führungslos und durch die Taktik des Kleinen Krieges sowie durch das unübersichtliche Gelände überfordert waren, verpuffte das Salvenfeuer der Briten entweder im Wald oder richtete angesichts des herrschenden Chaos hohe Verluste in den eigenen Reihen an. Als Braddock schwer verwundet wurde, lösten sich die britischen Reihen auf. Fluchtartig verließen sie das Schlachtfeld und zogen sich unter Zerstörung aller Geschütze nach Virginia zurück.

Während auf britischer Seite über 430 Soldaten, darunter Braddock, der seiner schweren Verwundung erlag, getötet und mehr als 480 verwundet worden waren, beklagten die Franzosen und ihre Verbündeten lediglich knapp zwei Dutzend Tote. Mit der Schlacht am Monongahela war aus dem mit einem Scharmützel begonnenen Konflikt zwischen Frankreich und Großbritannien tatsächlich ein (wenn auch noch nicht erklärter) Krieg geworden – ein Krieg, der, kaum begonnen, schon seine Schatten auf Europa warf.

Die Träger des **Kleinen Krieges** waren reguläre leichte Truppen wie Husaren und Jäger oder irreguläre Truppen wie z. B. Freikorps. Sie rekrutierten sich meist aus Bevölkerungsgruppen, denen man besondere kriegerische Fähigkeiten unterstellte, wie den Kroaten in Österreich oder den Kosaken in Russland. Der Kleine Krieg hatte zum Ziel, mit wenigen, schnell beweglichen Kräften im Hinterland des Gegners Versorgungslager und feindliche Transporte zu überfallen, Unruhe zu verbreiten und so gegnerische Ressourcen zu binden. Zudem leisteten die eingesetzten Kräfte Aufklärungsdienste, übernahmen Kurierdienste und legten Hinterhalte. Die meist aus kleineren Kavallerieformationen bestehenden Einheiten ernährten sich aus dem Land, verbreiteten also durch Requirieren und Plündern Furcht und Schrecken.

↗ Zeitgenössische Allegorie zum Beginn des Siebenjährigen Krieges: Kaiserin Maria Theresia (1717–1780) und König Friedrich II. (1712–1786) spielen Schach, Kriegsgott Mars schaut interessiert zu.

Wie alles begann

Am Anfang stand ein Todesfall. Am 20. Oktober 1740 starb Kaiser Karl VI. ohne einen männlichen Erben. Die politische Unsicherheit über die zukünftige Thronfolge in der Habsburgermonarchie nutzte Friedrich II., der wenige Monate zuvor den preußischen Thron bestiegen hatte. Indem er sich auf fadenscheinige Erbansprüche berief, marschierte er am 16. Dezember 1740 in die österreichische Provinz Schlesien ein. Sein Ziel war es, mit dieser reichen Provinz das eigene Territorium abzurunden, die wirtschaftliche Basis seines Königreiches zu stärken und Preußen den Status einer Großmacht zu sichern – sowie nicht zuletzt, ganz dem monarchischen Selbstverständnis der Zeit entsprechend, seinen eigenen Ruhm zu mehren.

Auch andere europäische Mächte sahen ihre Chance, von der aktuellen Schwäche der Habsburgermonarchie zu profitieren. Die habsburgische Thronerbin Maria Theresia war jedoch nicht bereit, auf Schlesien oder ihr Thronerbe zu verzichten. Im nun beginnenden Österreichischen Erbfolgekrieg (1740–1748) bildeten sich nach wenigen Monaten zwei Allianzen: auf der einen Seite Österreich, Großbritannien und die Niederlande, auf der anderen Seite Preußen mit Frankreich, Bayern, Spanien, Sachsen, Schweden und Neapel. Der Österreichische Erbfolgekrieg

Europäische und überseeische Kriegsschauplätze im 17. und 18. Jahrhundert

Französisch	Englisch	Deutsch
1683–1713 Guerre de Trente Ans en Amérique	**1689–1697** King William's War **1702–1713** Queen Anne's War	**1688–1697** Pfälzer Erbfolgekrieg **1701–1714** Spanischer Erbfolgekrieg
1740–1748 Guerre de la Succession d'Autriche	**1739–1742** War of Jenkin's Ear **1744–1748** King George's War	**1740–1742** Erster Schlesischer Krieg **1744–1745** Zweiter Schlesischer Krieg
1754–1760 Guerre de la Conquête **1756–1763** Guerre de Sept Ans	**1754–1763** French and Indian War	**1756–1763** Siebenjähriger Krieg (»Dritter Schlesischer Krieg«)

Quelle: Birk, Popp, Loch, Wie Friedrich »der Große« wurde, S. 55.

blieb nicht auf den Kampf um die Provinz Schlesien (den sogenannten Ersten Schlesischen Krieg) begrenzt, die Friedrich II. erfolgreich gegen österreichische Rückeroberungsversuche verteidigte. Weitere wichtige Kriegsschauplätze waren Bayern, Böhmen, Belgien und Italien. Der Österreichische Erbfolgekrieg beschränkte sich nicht allein auf den europäischen Kriegsschauplatz. Wie schon zuvor während des Pfälzischen Erbfolgekrieges (1688–1697) und des Spanischen Erbfolgekrieges (1701–1714) kämpften Frankreich und Großbritannien mit Unterstützung indigener Verbündeter erneut um die Vorherrschaft in Nordamerika.

Als die Habsburgermonarchie an allen Fronten unter Druck geriet, garantierte Maria Theresia am 28. Juli 1742 im Friedensvertrag von Berlin Friedrich II. den Besitz Schlesiens. Dieser verließ daraufhin vertragsgemäß die antiösterreichische Allianz. Mit den freigewordenen Truppen gelang es der Habsburgermonarchie, auf allen Kriegsschauplätzen ihre Gegner zurückzudrängen.

Angesichts dieser Entwicklung fürchtete nun Friedrich II., Maria Theresia könne ihre erstarkte Macht nutzen, um Schlesien zurückzuerobern. Daher trat er 1744 der antiösterreichischen Allianz erneut bei und marschierte in Mähren ein (Zweiter Schlesischer Krieg). Nach mehreren preußischen Siegen auf dem Schlachtfeld versprach Österreich am 25. Dezember 1745 im Frieden von Dresden erneut, auf Schlesien zu-

Maria Theresia mit den Insignien ihrer Macht: der böhmischen Wenzelskrone, der ungarischen Stephanskrone und dem österreichischen Erzherzogshut. Sie regierte als erste Frau das österreichische Vielvölkerreich. Gemälde von Martin van Meytens d. J. (1695–1770)

gunsten Preußens zu verzichten. Friedrich II. verließ daraufhin wiederum die Allianz mit Frankreich. Der ursprünglich österreichisch-preußische Konflikt war somit vorerst beendet.

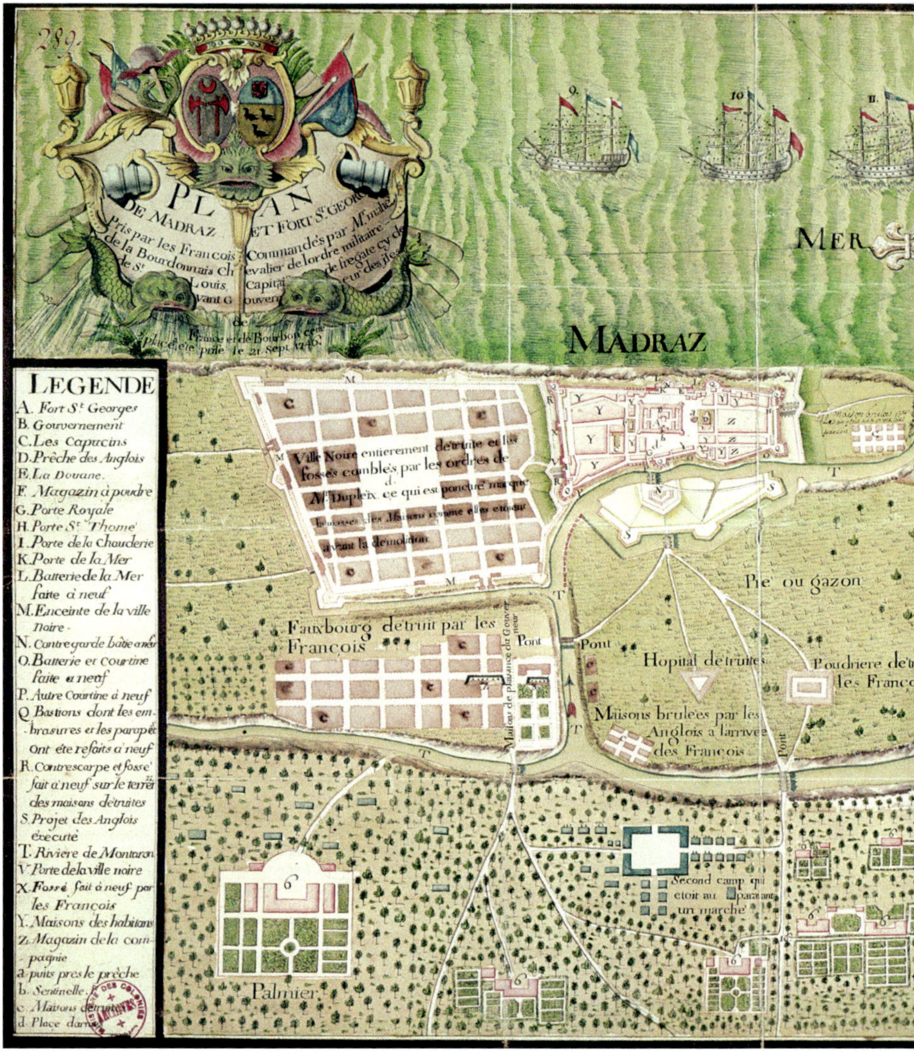

Trotz der Niederlage gegen Preußen festigte Maria Theresia in den folgenden Jahren ihre Machtstellung durch Erfolge in Italien und Bayern; zudem erreichte sie mit der Wahl ihres Ehemannes und Mitregenten Franz Stephan von Lothringen am 13. September 1745 zum Kaiser des Heiligen Römischen Reiches eines ihrer wichtigsten Ziele. Der Krieg zwischen Großbritannien und Frankreich, die ursprünglich als Unterstützer von Österreich und Preußen in den Konflikt eingetreten waren,

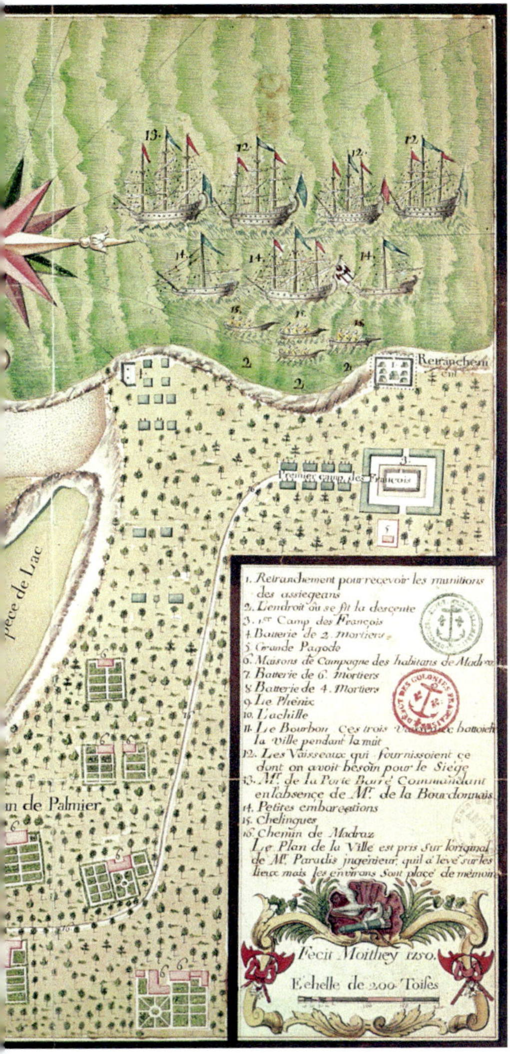

Fort St. George (Madras), ein befestigter Handelsstützpunkt der britischen East India Company, stand im Zentrum der Kämpfe zwischen Frankreich und Großbritannien um die Vorherrschaft in Indien. Karte von Maurille Antoine Moithey (1732–1810)

ging jedoch ungebremst weiter. Während Großbritannien in Nordamerika die den Zugang zum St.-Lorenz-Strom beherrschende französische Festung Louisbourg eroberte und damit den Schlüssel zum französischen Kolonialreich in der Hand hielt, nahmen im Gegenzug die Franzosen mit den Österreichischen Niederlanden, dem heutigen Belgien und Luxemburg die kontinentale Gegenküste Großbritanniens ein.

Nicht nur in Nordamerika, auch auf dem indischen Subkontinent eskalierte der Konflikt zwischen Frankreich und Großbritannien. Dort standen sich die britische East India Company mit ihren befestigten Handelsstützpunkten in Fort St. George (Madras) und Fort William (Kalkutta) sowie die französische Compagnie des Indes Orientales mit ihren befestigten Handelsstützpunkten in Chandernagore und Pondicherry seit Jahrzehnten als Konkurrenten gegenüber. Seit Ende des 17. Jahrhunderts hatten beide Handelsgesellschaften das ihnen von einheimischen Fürsten gewährte Recht, Handel zu treiben, Festungen zu errichten, Truppen auszuheben sowie Kriegsschiffe auszurüsten, dazu genutzt, ihre Machtposition auf dem indischen Subkontinent auszubauen. Im Gegensatz zu Nordamerika existierten dort zivilisatorisch hochkomplexe Großreiche wie das Mogulreich im Norden, in dem um 1700 über 25 Prozent der damaligen Weltbevölkerung lebten, die um die Vormacht auf dem indischen Subkontinent kämpften.

Diese Lage bot den europäischen Handelsgesellschaften die Chance, durch geschicktes politisches Taktieren ihren Einfluss zu verstärken. Folgerichtig nutzten beide Handelsgesellschaften die mit dem Tod des Großmoguls Aurangzeb (1707) einhergehenden politischen Unsicherheiten und griffen verstärkt in die indische Innenpolitik ein, um ihren Einfluss gegenüber lokalen Machthabern sowie dem europäischen Rivalen auszubauen, ohne dass es zu kriegerischen Auseinandersetzungen zwischen beiden Handelsgesellschaften kam. Dies änderte sich im Verlauf des Österreichischen Erbfolgekrieges. Der europäische Konflikt zwischen beiden Staaten griff auf den indischen Subkontinent über, besonders auf die im Südosten gelegene Region Karnatik, den heutigen Bundesstaat Tamil Nadu und den südlichen Teil von Andhra Pradesh. Die schwelende Rivalität eskalierte zum offenen Konflikt, dem 1. Karnatischen Krieg (1746–1748).

Eine Entscheidung auf dem Schlachtfeld konnten beide Konfliktparteien trotz lokaler Erfolge nicht erzwingen. Kriegsmüdigkeit, vor allem aber Geldmangel zwangen Frankreich und Großbritannien schließlich an den Verhandlungstisch, sodass sie bereits im April 1748 einen bilateralen Friedensvertrag unterzeichneten, ohne aber die Habsburgermonarchie einzubeziehen. Obwohl sich Großbritannien und Frankreich nun offiziell im Frieden befanden, schwelte der Konflikt weiter. Die von der Compagnie des Indes Orientales im Bündnis mit einheimischen Herrschern geschürten Unruhen und Aufstände gegen die East India

Anlässlich der Feier des Friedens von Aachen fand im Londoner Green Park am 27. April 1749 ein Feuerwerk statt. Dazu wurde die Feuerwerksmusik von Georg Friedrich Händel (1685–1759) uraufgeführt.

Company führten erneut zum Krieg. Im 2. Karnatischen Krieg (1751–1754) vereitelten die von Robert Clive geführten Briten mit mehreren Schlachterfolgen einen französischen Sieg.

Am 18. Oktober 1748 unterzeichneten in Aachen alle Konfliktparteien einen Friedensvertrag, mit dem der Österreichische Erbfolgekrieg endete. Österreich verzichtete erneut zugunsten Preußens auf Schlesien und verlor nun auch Gebiete in Italien. Frankreich gab seine Eroberungen in Belgien auf und erhielt dafür von den Briten Louisbourg zurück. In Indien einigten sich Frankreich und Großbritannien auf die Rückgabe der jeweiligen Eroberungen und stellten so den Zustand vor dem Krieg wieder her.

Das in Aachen abgeschlossene Vertragswerk war letztlich nur ein Waffenstillstand auf Zeit, denn die dem Österreichischen Erbfolgekrieg zugrundeliegenden Konflikte waren nicht gelöst, sondern schwelten im Untergrund weiter. Auch blieben im Besonderen die kolonialen Streitfragen zwischen Großbritannien und Frankreich in Nordamerika sowie auf dem indischen Subkontinent ungeklärt. Diese sollten zwar zukünftig einvernehmlich geregelt werden, doch dazu kam es nie.

Maria Theresia war verärgert, weil Großbritannien und Frankreich mit dem Vorfrieden vom April 1748 die Habsburgermonarchie nicht eingebunden, sondern letztlich vor vollendete Tatsachen gestellt hatten. Die Rückgabe der weit entfernten und schwer zu verteidigenden Österreichischen Niederlande tröstete Maria Theresia nicht über den Verlust Schlesiens, der ertragreichsten Provinz der Habsburgermonarchie, hinweg. Auch war Preußen nun in der Lage, jederzeit in die habsburgischen Kernlande einzumarschieren. Zugleich gefährdete der Machtzuwachs Preußens die österreichische Vormachtstellung im Reich. Maria Theresia weigerte sich daher weiterhin, den Raub Schlesiens hinzunehmen, und plante die Rückeroberung, obwohl die Tinte unter dem Vertragswerk noch nicht getrocknet war.

Dazu benötigte sie verlässliche Bündnispartner. Das bisherige Verhalten Großbritanniens hatte ihr und ihren Beratern aber gezeigt, dass man in London nicht bereit war, Österreich bei der Rückgewinnung Schlesiens vorbehaltlos zu unterstützen. In dieser zentralen Frage war Großbritannien zu einem unsicheren Bundesgenossen geworden. Zudem interessierte sich in Wien niemand für außereuropäische Kolonien, und aus der Sicht der britischen Regierung war Schlesien weiter entfernt als Nordamerika. Für Maria Theresia galt es daher, neue Wege zu finden.

Auch in Versailles war man mit dem Friedensvertrag nicht glücklich. Zwar war es gelungen, Österreichs Macht im Reich durch den Machtzuwachs Preußens zu schwächen und große Erfolge in Belgien zu erringen, aber die Kämpfe in den Kolonien hatten die militärische, besonders die maritime Schwäche der französischen Monarchie gnadenlos offengelegt. Dies war umso gravierender, da Ludwig XV. und seine Berater erkannt hatten, dass die wirtschaftliche wie politische Vormachtstellung Frankreichs in Europa nur durch ein großes Überseeimperium in Nordamerika und der Karibik dauerhaft gewahrt werden konnte. Obwohl der Schwerpunkt seiner kolonialen Interessen auf der Karibik lag, waren die nordamerikanischen Besitzungen mit ihren wichtigen Fischgründen vor Neufundland von hoher Bedeutung für Frankreich. Gingen diese Gebiete verloren, waren die westindischen Kolonien samt ihrem für Frankreich so lukrativen wie essenziellen Handel mit Tabak und Baumwolle, besonders aber mit Zucker, gefährdet. Angesichts dieser Erkenntnis verwundert es nicht, dass man in Versailles bereit war,

Unter dem französischen König Ludwig XV. (1710–1776) wurde der jahrhundertealte Konflikt zwischen Frankreich und Österreich beigelegt. Gemälde von Hyacinthe Rigaud (1659–1743)

die belgischen Eroberungen gegen die strategisch wichtige Festung Louisbourg einzutauschen. Damit wurde ein Strategiewechsel eingeleitet: Nicht mehr das Heilige Römische Reich, sondern die Kolonien

Georg II. (1683–1760) während der Schlacht von Dettingen (27. Juni 1743). Er war der letzte britische Monarch, der seine Truppen persönlich in eine Schlacht führte. Gemälde von John Wootton (1682–1765)

rückten ins Zentrum des Denkens. Im Reich, so glaubte die Führung in Versailles, werde das verbündete Preußen das geschwächte Österreich schon in Schach halten.

In London wurde ebenfalls über einen Strategiewechsel diskutiert. Auf der einen Seite standen die Befürworter eines starken britischen Engagements auf dem europäischen Kontinent. Sie waren davon überzeugt, dass nur die Bindung französischer Ressourcen in Mitteleuropa den Aufbau einer starken französischen, die Seeherrschaft des Vereinigten Königreichs gefährdenden Flotte verhindern könne. Ein starkes britisches Engagement in Mitteleuropa, besonders für das in Personalunion unter König Georg II. verbundene Kurfürstentum Hannover, lehnten die Befürworter einer reinen Überseestrategie dagegen kategorisch ab. Daher waren sie über die Rückgabe von Louisbourg hochgradig verärgert, während die Vertreter einer kontinentalen Strategie die Rückgabe Belgiens an Österreich besonders hervorhoben. Aber auch sie mussten feststellen, dass die Habsburgermonarchie nicht mehr fähig oder willens war, Belgien zu verteidigen.

Der Gewinner des Österreichischen Erbfolgekrieges war Preußen. Das Kalkül Friedrichs II., Österreich ohne Kriegsgrund zu überfallen und Schlesien zu erobern, war aufgegangen. Sowohl seine Tat als auch seine für die damalige Zeit ungewöhnliche Ruhmsucht waren jedoch bei vielen Zeitgenossen sehr umstritten.

Der Vertrag von Aachen bestätigte Preußen den Besitz Schlesiens. Österreich aber, da war sich der preußische König sicher, würde jede günstige Gelegenheit nutzen, um die verlorene Provinz zurückzuerobern. Friedrich II. baute zugleich darauf, dass Frankreich dank des seiner festen Überzeugung nach unüberwindlichen französisch-habsburgischen Gegensatzes immer auf der Seite Preußens stehen würde.

Letztlich waren bis auf Preußen alle Unterzeichner mit dem Friedensvertrag von Aachen unzufrieden. Von Abrüstung konnte in den folgenden Jahren daher keine Rede sein. Im Gegenteil: Alle großen Mächte rüsteten auf und bereiteten sich auf den nächsten Krieg vor. Die Lunte am Pulverfass glomm.

Unterdessen erwog Maria Theresia eine grundlegende Änderung der österreichischen Außenpolitik. Da eine Unterstützung Großbritanniens, des klassischen Verbündeten der Habsburgermonarchie, bei der Rückgewinnung Schlesiens unwahrscheinlich schien, griff sie die Idee von Wenzel Graf von Kaunitz-Rietberg auf, die jahrhundertelange Feindschaft mit Frankreich zu beenden, ohne jedoch Großbritannien zu verärgern. Damit wäre Preußen isoliert und der Weg frei für die Rückgewinnung Schlesiens. Folgerichtig entsandte Maria Theresia 1750 Kaunitz als Botschafter nach Versailles, um dort die Lage zu sondieren. Obwohl dieser am Hof Ludwigs XV. überaus freundlich empfangen wurde, stellte er schnell fest, dass die traditionellen Gegensätze zwischen beiden Mächten noch unüberwindlich waren. Der französische König war nicht bereit, seinen Verbündeten Preußen fallen zu lassen. Resigniert verließ Kaunitz 1752 Paris. Maria Theresia, die trotz des Rückschlages von der außenpolitischen Strategie Kaunitz' überzeugt war, ernannte ihn zum Staatskanzler. In seiner neuen Zuständigkeit für die Außenpolitik der Habsburgermonarchie hielt er an seiner Idee der Aus-

Wenzel Graf von Kaunitz (1711–1794) war der Architekt des Wechsels der Allianzen und des habsburgischen Bündnisses mit Frankreich. Gemälde von Jean-Étienne Liotard (1702–1789)

söhnung mit Frankreich fest. Es galt abzuwarten, ob sich nicht doch in Zukunft eine Gelegenheit bot, seine Pläne umzusetzen.

Ohne dass Kaunitz es ahnte, verlief die Entwicklung in seinem Sinne. In Nordamerika eskalierte erneut der Konflikt wegen der ungelösten Grenzfragen. Die britischen Siedler stießen über die Appalachen nach Westen vor und trafen dort auf den französischen Kolonialbesitz. Fernab von Versailles und London spitzte sich die Lage nicht zuletzt durch eigenmächtiges Handeln der Akteure vor Ort zu. Im Zentrum der Auseinandersetzungen stand erneut das Ohiotal. Während die Franzosen ihre Position durch die Errichtung von neuen Forts sicherten, versuchten die Briten dies zu verhindern. Die Eskalation nahm ihren Lauf. Die Briten erlitten mehrere Niederlagen. Schließlich entschied die britische Regierung, reguläre Truppen nach Nordamerika zu entsenden, um die französischen Forts am Ohio zu zerstören, aber auch Forts in Nova Scotia anzugreifen. Zugleich erhielt die Royal Navy den Auftrag, den französischen Truppennachschub nach Nordamerika unter allen Umständen zu unterbinden.

Führte als Feldherr seine Truppen persönlich in die Schlacht: Friedrich II. von Preußen. Gemälde von Johann Georg Ziesenis (1716–1776)

Wenige Tage bevor die Briten am Monongahela geschlagen wurden, fielen am 8. Juni 1755 die ersten Schüsse im später sogenannten *French and Indian War* zur See. Ein britisches Geschwader versuchte, einen französischen Nachschubkonvoi in der Mündung des St.-Lorenz-Stroms aufzubringen. Obwohl die Franzosen zwei Schiffe verloren, gelang es den Verstärkungstruppen, in Kanada zu landen. Auch wenn keine offizielle Erklärung erfolgt war, befanden sich Frankreich und Großbritannien seit diesen Schüssen tatsächlich im Krieg. In Versailles war die Empörung über das britische Vorgehen groß. Allen Beteiligten war klar, dass die französische Flotte der britischen nicht gewachsen war. Der Konflikt gefährdete das französische Kolonialreich und letztlich die Hegemonialstellung Frankreichs in Europa.

Zwar dachte man in Versailles über eine Invasion der britischen Insel nach, verwarf diesen Plan aber vorerst. Stattdessen richtete sich das Augenmerk auf die Achillesferse Großbritanniens, das Kurfürstentum Hannover. Gelänge es, dieses zu erobern, könnte es bei späteren Friedensverhandlungen gegen die verlorenen Kolonien eingetauscht werden. In Versailles setzte man dabei auf seinen Verbündeten in Potsdam und hoffte, Friedrich II. werde einen Angriff auf Hannover unterstützen. Dieser reagierte ausweichend auf die französischen Sondierungen. In Paris war man über die offene Ablehnung Friedrichs II. verärgert und fragte sich, ob das Bündnis mit Preußen im anstehenden Konflikt mit Großbritannien noch zweckmäßig sei.

Aber auch zwischen den Bündnispartnern Großbritannien und Österreich kriselte es. In Wien war man nicht bereit, der britischen Forderung nachzukommen, Truppen nach Belgien zu verlegen und die von Großbritannien ins Spiel gebrachte Neutralität Preußens zu akzeptieren. Stattdessen nahm Kaunitz erneut den Gesprächsfaden mit Frankreich auf. Noch immer war Ludwig XV. nicht bereit, Preußen fallen zu lassen. Dies sollte sich bald ändern. Die britische Regierung war sich der Gefährdung Hannovers bewusst und versuchte nun, die Unterstützung Russlands zu gewinnen, dem sie finanzielle Zuwendungen (Subsidien) anbot. Angesichts dieser Entwicklung sah sich Friedrich II. gezwungen, auf sie zuzugehen. In der Konvention von Westminster (16. Januar 1756) sicherten Preußen und Großbritannien einander territoriale Unversehrtheit zu und verpflichteten sich, Angriffe einer fremden Macht im Reich abzuwehren. Großbritannien hoffte, mit diesem im Prinzip defensiven Vertrag Hannover zu schützen, ohne Österreich zu verprellen, und den Krieg mit Frankreich auf Nordamerika zu begrenzen. Friedrich II. sah mit der Konvention die Gefahr eines preußischen Krieges gegen Russland und Österreich gebannt.

Beide Vertragspartner irrten sich. Die Konvention von Westminster stabilisierte die Lage in Europa nicht, im Gegenteil: Ludwig XV. war hochgradig verärgert. Erneut war Friedrich II. der französischen Monarchie in den Rücken gefallen. Frankreich ergriff nun die Initiative im noch nicht offiziell erklärten Krieg gegen Großbritannien und eroberte am 21. April 1756 die für die Beherrschung des westlichen Mittelmeers wichtige Insel Menorca. Daraufhin erklärte Großbritannien Frankreich am 18. Mai den Krieg. Der Kampf um die Neuordnung der Kolonien beschränkte sich jedoch nicht auf Europa und Nordamerika, sondern griff in der Folge auch auf Indien und die Karibik über.

In Versailles hatte man zuvor die diplomatische Offensive ergriffen und war auf Maria Theresia zugegangen. Ludwig XV. war nunmehr bereit zu der von Kaunitz betriebenen Umkehr der Allianzen (*Renverse-*

Unter der Regentschaft von Zarin Elisabeth I. (1709–1762) trat Russland an der Seite Österreichs und Frankreichs in den Siebenjährigen Krieg ein und wurde endgültig eine europäische Großmacht. Gemälde von Alexei Petrowitsch Antropow (1716–1795)

ment des alliances). Am 1. Mai 1756 schlossen Frankreich und Österreich ein jahrhundertelang für unmöglich gehaltenes Verteidigungsbündnis. Zufrieden waren beide Seiten mit dem Vertrag aber nicht. Zwar versprach die Habsburgermonarchie, in einem kommenden Krieg Großbritannien keinesfalls gegen Frankreich zu unterstützen, eine österreichische Unterstützung bei einem französischen Angriff auf Hannover enthielt der Vertragstext nicht. Auch eine französische Unterstützung bei einer Rückeroberung Schlesiens war nicht Gegenstand des Vertrages.

Und eine weitere Partei kam hinzu: Da Großbritannien nach der Konvention von Westminster die Gespräche mit Russland einseitig abgebrochen hatte, trat nun Zarin Elisabeth I. der österreichisch-französischen Allianz bei. Der Versuch Friedrichs II., mit der Konvention von Westminster die Lage zu beruhigen und sich aus dem britisch-französischen Konflikt um die Kolonien herauszuhalten, war nicht nur gescheitert, sondern der jahrhundertealte habsburgisch-bourbonische Gegensatz, eine der Konstanten europäischer Politik, war einem Bündnis beider Staaten gewichen. Friedrich II. sah sich isoliert und von einer Vielzahl von Feinden umgeben, die Preußen jederzeit angreifen konnten.

↗ Beispiel für ein Kabinett: Das Rote Kabinett der nördlichen Kaiserzimmer, R. 16, in der ehemaligen fürstbischöflichen Residenz in Würzburg. Im kleinen Gemach vor dem Schlafzimmer wurden die wichtigen Entscheidungen getroffen.

Die beteiligten Armeen und Marinen

Im Zeitalter des Absolutismus (frühes 17. Jahrhundert bis zur Französischen Revolution 1789) verfügte der Monarch über die alleinige und souveräne Macht. Er stützte sich lediglich auf ein kleines Beratergremium, das aus Vertrauten bestand. Mit diesen besprach er sich in seinem Arbeitszimmer, dem Kabinett (frz. ›kleines Gemach‹). Eine wichtige Neuerung dieser Zeit war die Verstaatlichung des Krieges, für die sich der Begriff »Kabinettskrieg« einbürgerte. Es herrschte die Vorstellung, dass der Krieg von den politischen Zentren, den Kabinetten, aus gesteuert werden sollte. Auch wenn die Realität oft anders aussah, bestimmte dieses Kriegsbild den Aufbau und die Organisation der Armeen und

Marinen. Die Armeen bestanden nicht mehr aus kurzfristig angeheuerten Söldnerheeren. Die Regierungen unterhielten dank der entstandenen Verwaltungs- und Militärapparate nun stehende Heere, die schon in Friedenszeiten unter Waffen standen. Das galt auch für die Marinen der Seemächte.

Preußen

Friedrich II. erbte von seinem Vater neben einer gut gefüllten Staatskasse sowie einer funktionierenden Verwaltung eine sehr gut organisierte und disziplinierte, 83 000 Mann starke Armee. Das Rückgrat der Armee waren 34 Infanterieregimenter mit einer Sollstärke von knapp 1600 Mann. Die zweite Säule der Armee waren die zwei Husaren-, sechs Dragoner- und zwölf Kürassierregimenter der 17 000 Mann umfassenden Kavallerie. Zudem verfügte die Artillerie über 2741 Feld- und Festungsgeschütze. Damit unterhielt Preußen nach Frankreich mit 160 000, Russland mit 130 000 und Österreich mit 110 000 Mann die viertgrößte Armee auf dem Kontinent, obwohl es mit seiner Bevölkerungszahl von 2,2 Millionen Einwohnern nur an dreizehnter Stelle in Europa stand. Preußen steckte als »Zwerg in der Rüstung eines Riesen« (Siegfried Fiedler). Diese bedeutende Streitmacht war vom Vater Friedrichs II., Friedrich Wilhelm I., aufgebaut worden. Der »Soldatenkönig« war davon überzeugt gewesen, nur eine starke Armee könne angesichts des nicht zusammenhängenden preußischen Staatsgebietes verhindern, dass die Mittelmacht Preußen – wie schon im Dreißigjährigen Krieg (1618–1648) – zum Spielball der europäischen Großmächte würde.

Um dieses große Heer zu finanzieren, investierte Preußen nicht wie die meisten anderen europäischen Mächte etwa die Hälfte, sondern rund 80 Prozent der Staatseinnahmen in die Streitkräfte. Friedrich Wilhelm I. ordnete den gesamten preußischen Staat dem Aufbau und dem Unterhalt der Armee unter. Sofort nach seinem Regierungsantritt setzte er eine weitreichende Verwaltungs- und Heeresreform in Gang. Demonstrativ reduzierte er als erste Amtshandlung die Hofhaltung seines Vaters drastisch und sanierte so, fast auf einen Schlag, die maroden Staatsfinanzen. Damit und mit seinem klaren Willen, die Zentralgewalt des Königs durchzusetzen, war für die nächsten Jahre der Ton gesetzt.

König Friedrich Wilhelm I. (1688–1740) mustert seine »Langen Kerls«. Der Soldatenkönig hinterließ seinem Sohn eine moderne und schlagkräftige Armee. Farbdruck von Carl Röhling (1849–1922)

Symbolischer Ausdruck des Staates wurde das Militär. In den folgenden Jahren verwandelte der »Soldatenkönig« Preußen Schritt für Schritt in einen Militärstaat. Er entmachtete die Stände und band die Adeligen als Offiziere in die Armee und damit in seinen Dienst ein. Es entstand der preußische »Schwertadel«.

Kontinuierlich vergrößerte Friedrich Wilhelm I. in den nächsten Jahren nicht nur die Armee, sondern dank seiner sparsamen Haushaltsführung – trotz der gewaltigen Rüstungsausgaben – auch den Staatsschatz. Wie in allen anderen Armeen dieser Zeit war auch in der preußischen Armee das Regiment die zentrale Verwaltungs- und Organisationseinheit. An seiner Spitze stand ein Oberst und es bestand aus zwei Bataillonen. Da die Personalbeschaffung für die Armee durch Werbung immer schwieriger und teurer wurde, stellte Friedrich Wilhelm I. sie mit dem Kantonreglement auf eine neue Grundlage. Jedes Regiment erhielt einen Kanton als Ergänzungsgebiet zur Rekrutierung zugewiesen. Die dort ansässigen jungen Männer wurden mit der Konfirmation erfasst und konnten bei Bedarf eingezogen werden. Sie waren dann ein Leben lang bzw. meistens bis zu 20 Jahre Soldaten. Diese Neuregelung garantierte den Regimentern ihren Personalersatz. In erster Linie war die Landbevölkerung von dieser Neuregelung betroffen; Städter, Handwerker, Manufakturarbeiter, Großgrundbesitzer und nicht zuletzt Adelige waren vom Militärdienst ausgenommen. Nach einer einjährigen Grundausbildung verließen die Soldaten wieder ihr Regiment und kehrten nur zu den jährlichen Übungen zurück. Diese großzügige Beurlaubungspraxis schuf über die Jahre eine beträchtliche Personalreserve und hielt die Belastungen für die Wirtschaft in Grenzen. Den Kern der Regimenter bildeten weiterhin Berufssoldaten, von denen bis 1740 ein Drittel Ausländer waren.

Friedrich Wilhelm I. vergrößerte nicht nur kontinuierlich sein Heer, er legte auch großen Wert auf dessen Ausrüstung und Ausbildung. Die den Großmächten immer noch quantitativ unterlegene preußische Armee sollte ihre zahlenmäßige Unterlegenheit durch Qualität ausgleichen. Besonderen Wert legte der »Soldatenkönig« auf die Ausbildung der Infanterie. Fürst Leopold von Anhalt-Dessau avancierte als Heeresreformer zum »Drillmeister« der preußischen Armee. Er führte nicht nur den Gleichschritt ein, der nun eine schnelle Abfolge von Formationen ermöglichte, sondern er ersetzte auch den immer wieder zerbre-

Das preußische Infanteriegewehr M 1723/M 1740 war das erste in Deutschland produzierte Steinschlossgewehr und die Standardwaffe der preußischen Armee.

chenden hölzernen Ladestock durch einen eisernen, um einen sicheren Ladevorgang zu gewährleisten. Die als schlachtentscheidend angesehene hohe Feuergeschwindigkeit sollte durch unaufhörlichen Drill sichergestellt werden. Dadurch war die preußische Infanterie in der Lage, drei Salven pro Minute abzugeben, die anderen europäischen Armeen kamen hingegen nur auf zwei Schuss. Die in drei Gliedern aufmarschierenden Preußen waren daher in der Lage, in der Minute neun Salven abzufeuern, auch während des Vorgehens. Das unablässige Exerzieren, gekoppelt mit dem Ladedrill, verband perfekt Feuer und Bewegung im Zeitalter der Lineartaktik.

Zeitgleich zu den Heeresreformen setzte Friedrich Wilhelm I. eine grundlegende Verwaltungsreform durch. Er zentralisierte die Innen- und Finanzverwaltung und schuf dafür das Generaldirektorium, dem er als Präsident vorstand. Die preußische Zivilverwaltung, deren Beamte oft ehemalige Offiziere oder Unteroffiziere waren, arbeitete mit großer Effektivität und Genauigkeit. Sie stand ganz im Dienst der Armee, ohne Befugnisse über diese zu haben. Die in der Armee herrschende Unterordnung und das Pflichtbewusstsein durchdrangen alle Bereiche der preußischen Gesellschaft.

Wie stand es um die Qualität der preußischen Armee, die Friedrich II. erbte? Die vom Ausland oft als »Paradeinfanterie« verspottete preußische Infanterie bewährte sich im Verlauf des Österreichischen Erbfolgekrieges durchaus. Dagegen offenbarte die von Friedrich Wilhelm I. zugunsten der Infanterie vernachlässigte Kavallerie große Schwächen. Friedrich II. setzte sofort an diesem Punkt an. Er reformierte die Aus-

Uniformrock Friedrichs II. mit dem höchsten preußischen Orden, dem Schwarzen Adlerorden

bildung der Kavallerie und der leichten Truppen, denen er aufgrund ihrer Beweglichkeit und Vielseitigkeit einen besonderen Wert im Gefecht zumaß. In den Friedensjahren nach dem Österreichischen Erbfolgekrieg erreichte die Infanterie der preußischen Armee eine allen anderen Armeen überlegene taktische Beweglichkeit, ohne die Gefechtsdisziplin und die hohe Feuergeschwindigkeit zu vernachlässigen. In großen Feldübungen trainierte die Armee immer wieder verschiedene taktische Varianten. Auch die schwere, in geschlossener Formation eingesetzte Kavallerie erreichte ein Ausbildungsniveau, auf dem sie den Reiterverbänden der potenziellen Gegner in nichts nachstand. In den Friedensjahren verbesserte Friedrich II. zudem sowohl die Heeresversorgung als auch die Mobilmachung. So konnte die auf zwölf Tage festgesetzte Kriegsbereitschaft der einzelnen Regimenter auf sechs Tage verkürzt werden. Zur Durchsetzung dieser Maßnahmen stellte der König alles staatliche Handeln, noch mehr als sein Vater, in den Dienst der Armee.

Die Eroberung Schlesiens stabilisierte nicht nur die preußische Wirtschaft, sondern sie ermöglichte auch den weiteren Ausbau des Heeres auf 123 000 Mann Feldtruppen und 30 000 Mann Garnisonstruppen, ohne die Kantonspflicht zu verschärfen. Zugleich senkte Friedrich II. zur Förderung der Wirtschaft den Anteil preußischer Landeskinder in der Armee zugunsten ausländischer Söldner. Dank der von ihm ergriffenen Maßnahmen zur Steigerung der Kriegstüchtigkeit der Armee verfügte er am Vorabend des Siebenjährigen Krieges über eine starke und kampferprobte Armee.

Der König, der sich selbst als *roi connétable* (›König und Feldherr‹) bezeichnete, war zugleich Souverän und höchster Militär. Politik und Kriegführung vereinten sich in seiner Person. Im Gegensatz zu seinen Gegnern führte er seine Truppen auch auf dem Schlachtfeld. Seinem politischen Ziel, durch die Eroberung Schlesiens den weitverstreuten Territorialbesitz Preußens strategisch abzurunden und damit Preußen einen festen Platz im Kreis der europäischen Großmächte zu sichern, ordnete er alles unter. Militärisch zwangen ihn die Mittellage seines Königreiches und dessen begrenzte Ressourcen jedoch dazu, eher als seine Gegner die Schlachtentscheidung zu suchen, um den Krieg so schnell wie möglich zu beenden. Einen langen Ermattungskrieg fürchtete er; und seine Gegner hofften, dass er ihn nicht würde gewinnen können.

Österreich

Als Kaiser Karl VI. im Oktober 1740 starb, hinterließ er seiner Tochter weder einen großen Staatsschatz noch eine gut ausgebildete und starke Armee. Im Gegenteil: Letztere war in einem denkbar schlechten Zustand. Sie kämpfte seit Jahren einen Zweifrontenkrieg gegen Frankreich im Heiligen Römischen Reich und gegen das Osmanische Reich auf dem Balkan. Sowohl die Staatsfinanzen als auch die Armee waren durch die vielen Kriege überbeansprucht. Zudem waren im Verlauf der letzten Konflikte die organisatorischen und taktischen Schwächen der Armee offen zutage getreten. Die Bemühungen, die erkannten strukturellen Schwächen mit einem einheitlichen Reglement für die Armee abzustellen, hatten bis zum Regierungsantritt Maria Theresias noch keine großen Erfolge gezeigt. Der Tod des charismatischen Heerführers Prinz Eugen von Savoyen hatte zudem 1736 ein Machtvakuum in der militärischen Führung hinterlassen.

Anders als ihr Gegner Friedrich II. erbte Maria Theresia also Staatsschulden sowie eine Armee, die nach den mit hohen Verlusten verbundenen Niederlagen im letzten Türkenkrieg (1736–1739) zudem demoralisiert und auf einen niedrigen Leistungsstand gesunken war. Anstatt der vorgesehenen 160 000 Mann standen nur 110 000 Mann in 54 Infanterieregimentern sowie 40 Kavallerieregimentern unter Waffen. Die Armee war zudem in kleinsten Einheiten über das ganze habsburgische Vielvölkerreich und seine zwölf Nationen verteilt. Obendrein waren in den Winterquartieren viele Soldaten an Krankheiten gestorben. Ersatz für die personell stark ausgedünnten Regimenter konnte wegen der schwierigen finanziellen Lage nicht angeworben werden. Ausbleibende Soldzahlungen und Versorgungsmängel taten ihr Übriges, um die Soldaten zu entmutigen.

Erschwerend kam hinzu, dass das Offizierkorps weder in sozialer noch landsmannschaftlicher Hinsicht homogen war und dass keine einheitliche Ausbildung der Offiziere existierte. Zudem begünstigten Klientelnetzwerke die Karriere, und Offizierspatente konnten käuflich erworben werden. So konnten Hochadlige ohne jegliche militärische Vorkenntnisse Karriere als Stabsoffizier machen. Obendrein hatte sich der Hofkriegsrat, zuständig für die Ausrüstung, Verpflegung und Heeresaufbringung, in einen gewaltigen schwerfälligen bürokratischen Ver-

Maria Theresia besichtigt am 10. September 1749 die bei der Wiener Neustadt stationierten Regimenter. Fresko von Carl von Blaas (1815–1894)

waltungsapparat verwandelt, der nicht mehr auf der Höhe der Zeit war. Im Vergleich zu den Armeen anderer europäischer Großmächte, insbesondere der preußischen, war die österreichische Armee in einem trostlosen Zustand. Die dringend notwendige Reorganisation von Personalwesen, Taktik, Organisation sowie Finanzverwaltung war während des Österreichischen Erbfolgekrieges nur schwer durchführbar. Trotz der teilweise desolaten Verfassung der Armee bewährten sich die Kavallerie und die Artillerie in diesem Krieg, während die Schwächen der Infanterie offen zutage traten.

Maria Theresia, die bei der Thronbesteigung 1740 den Oberbefehl über die Armee übernommen hatte, leitete nach dem Ende des Erbfolgekrieges 1748 Wirtschafts-, Verwaltungs- und Staatsreformen ein, um die Zentralgewalt gegenüber den Feudalherren durchzusetzen. Diese Reformen schufen die materiellen und organisatorischen Voraussetzungen für die benötigte Heeresreform. Bereits zuvor, noch während des Österreichischen Erbfolgekrieges, hatte sie den Hofkriegsrat und dessen Führungsstruktur gestrafft. Künftig kommunizierten die Feldherren nicht mehr nur über den Hofkriegsrat mit Maria Theresia, sondern mussten alle wichtigen operativen Entscheidungen entweder unmittelbar ihr oder ihrem Ehemann Kaiser Franz I. vorlegen. Die Bildung des Generalquartiermeisterstabes war zudem ein erster Schritt zu einer einheitlichen operativen Führung.

Ein besonderes Augenmerk Maria Theresias galt dem Offizierkorps. Im Gegensatz zu dem homogenen Offizierkorps des preußischen Militärkönigs spiegelte das habsburgische nicht nur die verschiedenen Nationalitäten der Donaumonarchie wider, sondern rekrutierte sich zu einem hohen Anteil aus dem Heiligen Römischen Reich. Ferner kamen viele Offiziere aus dem katholischen Irland, aber auch aus Schottland. Auch wenn Maria Theresia im Gegensatz zu Friedrich II. keine persönliche Beziehung zu ihrem Offizierkorps aufbauen konnte, gelang es ihr mit ihrem Charisma, die Offiziere an das Herrscherhaus und ihre Person zu binden. Ohne dass sie im Felde führte, war sie ebenso wie Friedrich II. die Klammer für den Zusammenhalt der Armee. Mit der Gründung der Theresianischen Militärakademie in der Wiener Neustadt 1752 leistete Maria Theresia zudem einen wichtigen Beitrag zur Vereinheitlichung und Professionalisierung des Offizierkorps.

Mit der Reorganisation der Armee, die seit 1745 den Namen k. k. (kaiserlich-königliche) Armee trug, beauftragte Maria Theresia Feldzeugmeister Leopold Joseph Graf von Daun. Dieser hatte schon das Exerzierreglement von 1733 erarbeitet und verantwortete 1749 auch das neue einheitliche Exerzierreglement für Infanterie und Kavallerie. Darin waren Bewaffnung, Uniformen und Ausrüstung normiert, Deutsch wurde einheitliche Kommandosprache. Ein Infanterieregiment war 2408 Mann stark und gliederte sich in vier Füsilierbataillone. Der 1740 nach preußischem Vorbild eingeführte Gleichschritt für die Infanterie bildete das neue Fundament für alle taktischen Formationen im Gefecht. Die

Feldzeugmeister Leopold Joseph Graf von Daun (1705–1766) befehligte im Auftrag Maria Theresias die österreichischen Truppen. Er war der militärische Gegenspieler Friedrichs II. Zeitgenössisches Gemälde

k. k. Armee marschierte nun nicht mehr in vier, sondern wie die Preußen in drei Gliedern auf und feuerte gliedweise. Obwohl dieses Reglement viele der in den letzten Jahren gemachten Kriegserfahrungen aufgriff, stellte es keinen völligen Bruch mit althergebrachten Vorstellungen dar, sondern hielt an einigen überkommenen Gewohnheiten fest. So fehlten beispielsweise Grundsätze für das Manövrieren in größeren Formationen. Dagegen nahmen Exerzierformalitäten für Paraden weiterhin einen großen Raum im neuen Reglement ein. Nicht zuletzt verbesserte sich durch die Neuerungen zwar deutlich die Qualität der Regimenter, aber sowohl in der Marschgenauigkeit als auch in der Feuergeschwindigkeit sowie den Formationsveränderungen erreichte die k. k. Infanterie trotzdem nicht das Niveau ihres preußischen Gegners.

Wenngleich sich die Kavallerie im Österreichischen Erbfolgekrieg bewährt hatte, reduzierte die neue Heeresreform ihre Stärke zugunsten der als schlachtentscheidend angesehenen Infanterie. Zudem erfolgte, ähnlich wie in Preußen, die Vermehrung der leichten zu Lasten der schweren Kavallerie. Der Artillerie galt ein besonderes Augenmerk. Sie avancierte zur stärksten Unterstützungswaffe und wurde eine eigene Waffengattung. Ihr neues Reglement erschien jedoch erst mehrere Monate nach Beginn des Siebenjährigen Krieges.

Die Personalgewinnung für die k. k. Armee war weiterhin schwierig. Ein dem preußischen Kantonreglement vergleichbares System existierte im Habsburgerreich nicht. Da die geringe Personalgestellung durch die Stände den Bedarf der Armee nicht decken konnte, rekrutierten die Regimenter ihre Soldaten weiterhin durch die Anwerbung Freiwilliger. Nicht zuletzt wegen der hohen Desertionszahlen konnte die Sollstärke der k. k. Armee nie erreicht werden. Am Vorabend des Siebenjährigen Krieges waren zwar die Kavallerieregimenter fast komplett aufgefüllt; den Infanterieregimentern fehlten aber fast 10 000 Mann. Die k. k. Armee konnte 1756 trotz dieser Probleme, wenn auch nicht immer vollständig, 55 Infanterieregimenter, 40 Kavallerieregimenter sowie 108 Grenadierkompanien ins Feld führen. Zusammen mit den Grenzregimentern waren dies insgesamt 200 000 Mann.

Die militärischen Reformen Maria Theresias hatten den Leistungsstand der k. k. Armee in wenigen Jahren deutlich erhöht, ohne dass sie qualitativ das hohe Niveau der preußischen Armee in Gänze erreichte. Abgeschlossen waren die Reformen in der kurzen zur Verfügung stehenden Zeit jedoch noch nicht. Die Normierung war lediglich bis auf die Ebene der Regimenter erfolgt. Strukturen für die Bildung von Großverbänden konnten die meist jüngeren, kriegserfahrenen Generale gegenüber dem Hofkriegsrat nicht durchsetzen. Obwohl es inzwischen

Das dreipfündige Feldgeschütz 1760 war eine von den Preußen gefürchtete Unterstützungswaffe der österreichischen Infanterie.

den Generalquartiermeisterstab gab, gelang es auch nicht, den Herausforderungen operativer großer Truppenverbände gerecht zu werden. Der Mangel an Eigeninitiative durchzog wie ein roter Faden das Offizierkorps. Die Stiftung des Militär-Maria-Theresien-Ordens, der besonders die Eigeninitiative fördern sollte, zeigte lediglich Wirkung auf der mittleren Führungsebene. Die höheren Ränge wie Feldmarschall-Leutnant Franz Moritz Lacy oder Daun agierten weiterhin zurückhaltend und ließen immer wieder jegliche Eigeninitiative vermissen.

Großbritannien und Frankreich

Die Unterschiede zwischen den geografischen und strategischen Voraussetzungen Frankreichs und Großbritanniens für den Aufbau einer Seemacht konnten kaum größer sein. Hier ein Inselstaat mit vielen her-

vorragenden Häfen, dort ein Staat mit zwei getrennten Küsten am Atlantik und am Mittelmeer sowie einer langen Landgrenze. Frankreich musste daher seine Flotte fast immer auf die Stützpunkte in Brest oder Toulon aufteilen. Eine Zusammenführung beider Flottenteile über die großen Entfernungen war während eines Krieges mit enormen Risiken verbunden. Großbritannien dagegen konnte seine Flotte, wenn erforderlich, schnell zusammenziehen. Außerdem verfügte es mit der Festung Gibraltar über einen strategischen Stützpunkt am Ausgang des Mittelmeers in den Atlantik. Frankreich stand zudem vor dem Dilemma, entweder nur eine starke Armee oder nur eine große Flotte unter-

Der französische Kriegshafen Toulon war der wichtigste Stützpunkt der französischen Flotte im Mittelmeer. Gemälde von Claude-Joseph Vernet (1714–1789)

halten zu können. Beides zusammen war ökonomisch, wenn überhaupt, nur kurzfristig möglich. Für Großbritannien stellte sich diese Frage nur begrenzt, denn es war als Inselstaat immer auf eine starke Flotte angewiesen. Die Armee war gegenüber der Marine nachrangig.

Im Mittelpunkt der britischen Strategie stand die Seeherrschaft im Kanal und in den britischen Heimatgewässern, um eine gegnerische Landung zu vereiteln. Zugleich galt es, eine Vereinigung der französischen Flotte zu verhindern. Dazu diente eine enge Blockade der französischen Kriegshäfen. Diese ermöglichte im nächsten Schritt, die isolierten französischen Geschwader in den Kolonien zu vernichten, die britischen Kolonien zu schützen und zu erweitern, die Handelsverbindungen sicherzustellen sowie mit den schnellen Fregatten erfolgreich Handelskrieg in Übersee zu führen.

Frankreich diente die Flotte dem Schutz der eigenen Küsten sowie der Kolonien. Ebenso wie die Royal Navy war sie ein Instrument der weltumspannenden Expansion. Die geografisch bedingte Aufteilung der Flotte stellte die französische Admiralität vor ein unlösbares Dilemma. Getrennt waren die französischen Seestreitkräfte, die den britischen zahlenmäßig fast immer unterlegen waren, nicht in der Lage, die britische Flotte mit der Aussicht auf einen entscheidenden Sieg zur Schlacht zu stellen. Lag die französische Flotte dagegen versammelt in einem Hafen, konnte sie wegen der großen Entfernungen zwischen dem Mittelmeer und dem Atlantik nur sehr bedingt eingesetzt werden. Daher wurden die französischen Seestreitkräfte meist nur als Unterstützungsstreitkräfte eingesetzt.

Auf französischer Seite prägte zudem der Erhalt der Flotte das strategische und taktische Denken. Der Einsatz der den Briten in der Regel nummerisch unterlegenen Geschwader war deshalb defensiv ausgelegt. Die französischen Admirale favorisierten in der Schlacht immer wieder die Kiellinie in der dem Wind abgewandten Leestellung, um ein ungünstig verlaufendes Gefecht rechtzeitig abbrechen und sich zurückziehen zu können. Ihr Artilleriefeuer zielte nicht auf den Schiffsrumpf, sondern auf die Takelage, um die gegnerischen Schiffe manövrierunfähig zu machen. Die Briten dagegen bevorzugten die dem Wind zugewandte Luvstellung, denn ihr strategisches Ziel war die Vernichtung der gegnerischen Flotte. Sie verkürzten daher nach mehreren Breitseiten den Abstand zu den französischen Schiffen, um diese durch Rumpftreffer zu versenken oder zu entern. Für die Briten war daher eine hohe Feuergeschwindigkeit, für die Franzosen ein langsameres gezieltes Feuern charakteristisch.

Zu Beginn des 18. Jahrhunderts hatten sich in der Royal Navy die »Formalisten« durchgesetzt. Sie erhoben die starre Linienschifftaktik zum unumstößlichen Dogma und unterdrückten jede taktische Initiative. Die Seegefechte zwischen den französischen und britischen Seestreitkräften während des Österreichischen Erbfolgekrieges offenbarten jedoch die Schwächen der Linienschifftaktik und führten in Großbritannien zu einem langsamen Umdenken. Neue Kriegsartikel hoben

Britisches Linienschiff, um 1760, Gemälde von William Frederick Mitchell (1845–1914)

1747 die Starrheit der bisherigen Kriegsartikel auf und verbesserten die taktische Initiative und Beweglichkeit, was wiederum die Verfolgung einer gegnerischen Flotte und damit verbunden das initiative Einzelgefecht erlaubte. Zu Beginn des Siebenjährigen Krieges besaß die Royal Navy daher eine deutlich höhere taktische Flexibilität als die französische Flotte, die weiterhin an der starren Linienschifftaktik festhielt.

Im Kriegsschiffbau waren die Franzosen führend. Im Gegensatz zu den Briten legten sie dem Schiffsbau nicht nur die Handwerkskunst, sondern auch wissenschaftliche Verfahren zugrunde. In der Folge waren französische Schiffe schneller und ließen sich besser manövrieren. Seit 1730 bauten die Franzosen als erste Nation Linienschiffe, die mit 74 Kanonen über eine überlegene Feuerkraft verfügten. Ein rüstungstechnischer Vorsprung, den die Briten erst nach der Eroberung eines französischen 74-Kanonen-Schiffes 1747 aufholten. Im Geschützwesen, in der Organisation, besonders aber in Bezug auf die Seemannschaft, d. h. die Fertigkeit zur praktischen Handhabung des Schiffes, war die britische der französischen Flotte dagegen deutlich überlegen.

In der ersten Seeschlacht des Siebenjährigen Krieges in der Mündung des St.-Lorenz-Stroms eroberte die Royal Navy am 8. Juni 1755 die französischen Kriegsschiffe Alcide und Lys. Zeitgenössisches Gemälde

Die französische Flotte, 1690 der britischen noch nummerisch leicht überlegen, schrumpfte in den folgenden Jahrzehnten aufgrund eines radikalen Sparkurses und der Schwerpunktverlegung der Rüstungsausgaben auf die Landkriegführung erheblich. Als 1754 der Krieg im Ohiotal ausbrach, leitete der französische Marineminister Jean Baptiste de Machault d'Arnouville zwar eilig Reformen ein und forcierte in beeindruckender Weise den Schiffsbau. Doch den britischen Rüstungsvorsprung aufzuholen war trotz größter Anstrengungen bis zum Kriegsbeginn 1756 unmöglich. Die Anzahl der Linienschiffe war alleine nicht entscheidend, der hohe Bedarf an qualifizierten Seeleuten war ein weiterer entscheidender Faktor. Die Vernachlässigung der Flotte betraf nicht nur den Bestand, sondern auch die Ausbildung der Besatzungen und die Organisation der Flotte. Im Gegensatz zu den Franzosen konnte die Royal Navy auf einen Pool von 80 000 Matrosen, zumeist aus der Handelsmarine, die französische Flotte nur auf 52 000 ausgebildete Seeleute zurückgreifen. Zudem fehlten der französischen Flotte viele jüngere

Offiziere, und die Flaggoffiziere waren stark überaltert; teilweise waren sie über achtzig Jahre alt.

Am 1. Juni 1756 verfügte die Royal Navy über 88 rund um den Erdball verteilte Linienschiffe, die französische Flotte dagegen nur über 33. In den Heimatgewässern befanden sich 51 britische Linienschiffe, dagegen waren nur elf französische in den französischen Atlantikhäfen stationiert. Zu Beginn des Jahres 1756 hatte die französische Admiralität zwei Geschwader mit insgesamt neun Linienschiffen zu den Westindischen Inseln entsandt. Denn in den wirtschaftlich so wichtigen karibischen Kolonien – und nicht in Neufrankreich – lag zu Kriegsbeginn der Schwerpunkt der französischen Marine auf dem amerikanischen Kontinent. Den zwölf französischen standen im Mittelmeer dreizehn britische Linienschiffe gegenüber. Letztlich war die französische Marine weder personell noch materiell auf einen erneuten Krieg mit der Royal Navy vorbereitet.

↗ Französische Infanterie, zeitgenössisch

Zu Wasser und zu Land: Taktik und Strategie

Im Land- wie im Seekrieg dominierten auch im 18. Jahrhundert Feuer und Bewegung das Gefecht. Die Ausstattung jedes Infanteristen mit einer glattläufigen Flinte erhöhte die Bedeutung des Feuers enorm, auch wenn die Reichweite der Flinte in der Regel nur bei etwa 150 Meter lag. Seit der Einführung des Bajonetts, einer am Lauf befestigten Klinge, wurde die Flinte nicht mehr allein als Feuer-, sondern zugleich auch als Stoßwaffe für den Nahkampf verwendet.

Taktisch kam es darauf an, das Feuer aller Infanteristen möglichst zum selben Zeitpunkt ins Ziel zu bringen. Nicht Treffergenauigkeit, sondern ein auf Kommando ausgeführtes ungenaues Salvenfeuer wurde angestrebt. Weiterhin galt es, den Ladevorgang des Vorderladers durch andauernden Waffendrill so zu beschleunigen, dass eine hohe Schussfolge erzielt werden konnte. Damit möglichst viele Soldaten gleichzeitig schießen konnten, stellten sie sich nicht in einer tiefen, sondern in einer breiten, lediglich drei bis vier Glieder tiefen, langgezogenen Linie auf. Diese weit ausgedehnten Infanterielinien konnten, je

Das Bataillon Grenadier-Garde im Angriff während der Schlacht von Hohenfriedberg am 4. Juni 1745. Farbdruck nach Aquarell von Carl Röchling (1855–1920)

nach Größe der Armee und den Geländegegebenheiten, eine Ausdehnung von bis zu 10 Kilometern erreichen.

Im Gefecht kniete das erste Glied der Soldaten zur Schussabgabe ab. Die hinter ihnen stehenden Schützen »standen auf Lücke«, sodass die drei Glieder hintereinander oder bei Bedarf gleichzeitig feuern konnten. Hinter der als erstes »Treffen« bezeichneten Linie marschierte immer in 200 bis 300 Meter Abstand ein zweites Treffen sowie, wenn die Truppenstärke es erlaubte, auch ein drittes Treffen als Reserve auf. Zwingende Voraussetzung, um mit dieser Lineartaktik erfolgreich zu kämpfen, war der lückenlose Zusammenhalt der Linie. Verlor die Linie im Verlauf der Schlacht den Zusammenhalt, war diese in der Regel verloren. Unter allen

Umständen galt es, die Ordnung zu wahren. Die Armee marschierte deshalb in einer rangierten Schlachtordnung mit einer klaren *Ordre de Bataille* (Gefechtsordnung) auf. Diese konnte während der Schlacht, wenn überhaupt, nur unter schwierigsten Bedingungen geändert werden. Nur gut ausgebildete Soldaten waren in der Lage, die in der Schlacht notwendige exakte Gleichmäßigkeit der Bewegungsabläufe auszuführen.

Dem Aufmarsch zur Schlacht kam in der Lineartaktik eine hohe Bedeutung zu. Fehler in der Aufmarschphase ließen sich im Nachhinein kaum noch korrigieren. Folgerichtig musste der Aufmarsch mit höchster Präzision ausgeführt werden. Er dauerte mehrere Stunden selbst bei gut ausgebildeten Armeen, die in einer Linie von mehreren Kilometern aufmarschierten. Der Verteidiger schrieb dem Angreifer durch die Wahl des Schlachtfeldes das Gelände vor. Er suchte das für seine Verteidigung günstigste Gebiet mit Anhöhen oder natürlichen Hindernissen aus und verstärkte seine Stellungen, wenn möglich, durch Feldbefestigungen. Ein unübersichtliches, durchschnittenes und auf den ersten Blick günstiges Gelände kam dafür nicht in Frage. Auch der Verteidiger mit seiner Armee musste, um seine Feuerkraft und Manövrierfähigkeit nicht zu verlieren, in einer Linie und damit letztlich auf weitgehend offener Fläche aufmarschieren.

Die Hauptwaffengattung war aufgrund ihrer Feuerkraft die Infanterie. Deren taktische Grundeinheit war nicht das Regiment, dessen Aufgaben verwaltungs- und versorgungstechnischer Natur waren, sondern das Bataillon. Jedes Regiment verfügte über zwei Bataillone. Das Bataillon war die kleinste taktische Einheit und bildete die Basis der rangierten Schlachtordnung. Mit bis zu 700 Mann, denen in der Regel zwei leichte Geschütze zugeteilt waren, verfügte es über eine hohe Feuerkraft und war in der Lage, ein Karree gegen Reiterangriffe zu bilden. In dieser Rundumverteidigung kniete die erste Reihe mit aufgesetztem Bajonett ab, während die beiden hinteren Reihen feuerten. Hatte ein Bataillon unbedrängt vom Gegner ein Karree gebildet, war eine Kavallerieattacke dagegen in der Regel aussichtslos. Angesichts dieser Tatsache erfolgten Kavallerieattacken entweder gegen gegnerische Kavallerie in einem Reitergefecht oder gegen Infanterieeinheiten, die sich ungeordnet zurückzogen.

Die Kavallerie war daher die Waffengattung, die die Schlacht entschied. Zu Beginn der Schlacht marschierte die schwere Kavallerie eben-

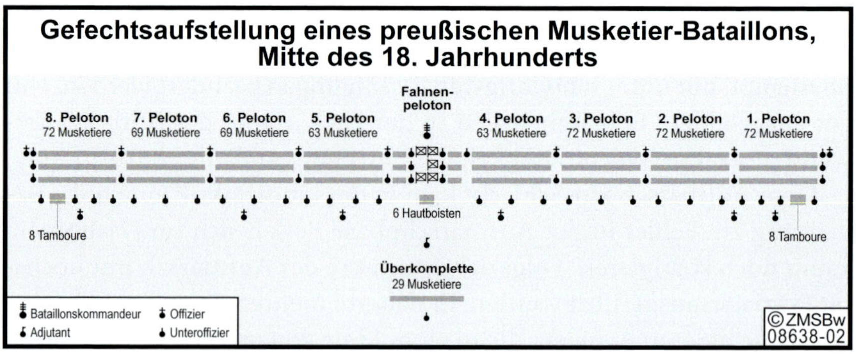

Gefechtsaufstellung eines preußischen Musketier-Bataillons, Mitte des 18. Jahrhunderts

Die schwere Kavallerie, hier österreichische Kavallerie im Kampf gegen preußische Infanterie, wurde meistens zur Schlachtentscheidung eingesetzt. Gemälde, Ende 19. Jahrhundert

falls treffenweise an den beiden Infanterieflügeln auf. Dort besaß sie Bewegungsfreiheit und deckte gleichzeitig die gefährdeten Flanken der Schlachtaufstellung. Die Husaren zählten zu den leichten Truppen. Sie nahmen Sicherungsaufgaben wahr, übernahmen Erkundung, Aufklärung und Verfolgung und führten Hinterhalte sowie Handstreiche im Rahmen des Kleinen Krieges aus. Im Gegensatz zur Infanterie war bei der Kavallerie die taktische Grundeinheit das Regiment mit 750 bis 1200 Mann, in der Regel gegliedert in fünf Eskadronen oder Schwadronen.

Die Artillerie war entweder den Bataillonen oder Regimentern der Infanterie zugeteilt oder bezog in Batterien konzentriert an wichtigen Geländepunkten Stellung. In der Verteidigung erzielte in verschanzten Stellungen stehende, wenn möglich aus erhöhter Position schießende schwere Artillerie schon auf über 1000 Schritt eine verheerende Wirkung. War der Angreifer ca. 600 Schritt an die eigenen Linien herangekommen, setzte die Artillerie Kartätschen (Geschosse mit Schrotladungen) ein. Der Angreifer dagegen musste vor Schlachtbeginn seine schwere Artillerie so auffahren, dass diese die gegnerische Linie beschießen konnte. Ging die Infanterie vor, folgte ihr die Artillerie. Um in der rangierten Schlachtordnung erfolgreich zu kämpfen, galt es, den Einsatz von Infanterie, Kavallerie und Artillerie so gut wie möglich aufeinander abzustimmen. Dies stellte die Führung während der Schlacht vor große Herausforderungen.

Der Feldherr hielt sich oft auf dem sogenannten Feldherrnhügel auf, um die Schlacht zu überblicken und zu lenken. Selbst von dort konnte er trotz der farbigen, auf Signalwirkung ausgelegten Uniformen oft Freund und Feind im Pulverqualm kaum unterscheiden. Nötig war daher ein gut ausgebildetes Offizierkorps, welches befähigt war, die Soldaten im Gefecht zu führen.

Standen sich in der Schlacht zwei Armeen frontal gegenüber, endete die Schlacht, ähnlich wie bei der Linienschifftaktik im Seekrieg, häufig ohne erkennbaren Sieger. Dank der starken Feuerkraft der geschlossenen Linien in Kombination mit Geländeverstärkungen war die Verteidigung dem Angriff in der Lineartaktik in der Regel überlegen. Gab es trotzdem einen Weg, einen entscheidenden Schlachterfolg zu erzielen? Ein Sturmangriff schied mangels Tiefe der Linie und angesichts der zu erwartenden hohen Verluste durch die Artillerie des Verteidigers aus. Der Schwachpunkt der Linie waren die Flanken. Dort galt es anzusetzen, denn auch eine nummerisch unterlegene Armee konnte mit einer Überflügelung und einem starken Stoß in die gegnerische Flanke eine Schlacht zu ihren Gunsten entscheiden. Die auch als »schiefe Schlachtordnung« bekannte Taktik bot einem beweglich führenden Feldherrn mit einer gut ausgebildeten Armee die Chance zum Sieg gegen überlegene Gegner. Seit der Thebaner Epaminondas mit dieser Taktik in der Schlacht von Leuktra 371 v. Chr. die als unbesiegbar geltenden Spartaner geschlagen hatte, verstand man darunter, den eigenen schwachen, defensiven Flügel hinter dem verstärkten Angriffsflügel zurückzuhalten. Im Zeitalter der Lineartaktik kam es zusätzlich darauf an, den Vormarsch zur Überflügelung des Gegners so schief anzusetzen, dass der verlustreiche Frontalangriff so lange wie möglich vermieden werden konnte.

Armeen waren im 18. Jahrhundert aufgrund der schwierigen Personalbeschaffung und der intensiven taktischen Schulung ein kostbares Gut. Verluste konnten qualitativ nur schwer ersetzt werden. Die Schonung der eigenen Truppen hatte infolgedessen für die Feldherrn in der Regel höchste Priorität. Daher vermieden die meisten Feldherrn Schlachtentscheidungen, da selbst bei einem Sieg meistens hohe, oft nicht gleichwertig zu ersetzende eigene Verluste zu erwarten waren. Als Lösung für dieses Dilemma bot sich an, den Gegner auszumanövrieren oder zu ermatten. Die Manöver- und Ermattungsstrategie hatte keine entscheidende Vernichtungsschlacht zum Ziel, sondern zielte auf einen Schwachpunkt der gegnerischen Armee – die Versorgung.

Zur Schonung der Zivilbevölkerung und damit zur Vermeidung wirtschaftlicher Schäden, aber auch zur Eindämmung der Desertion beruhte die Versorgung der Armee, wenn irgend möglich, nicht auf Requisition (der gewaltsamen Beschlagnahmung von Gütern), sondern auf einer geregelten, wenn auch schwerfälligen, Magazinversorgung. Schon im Frieden an Verkehrsknotenpunkten oder gut geschützt in Festungen angelegte Magazine bildeten deren Basis. Zentrale Magazine lagen in Festungen an schiffbaren Flüssen, da nur darauf die benötigten

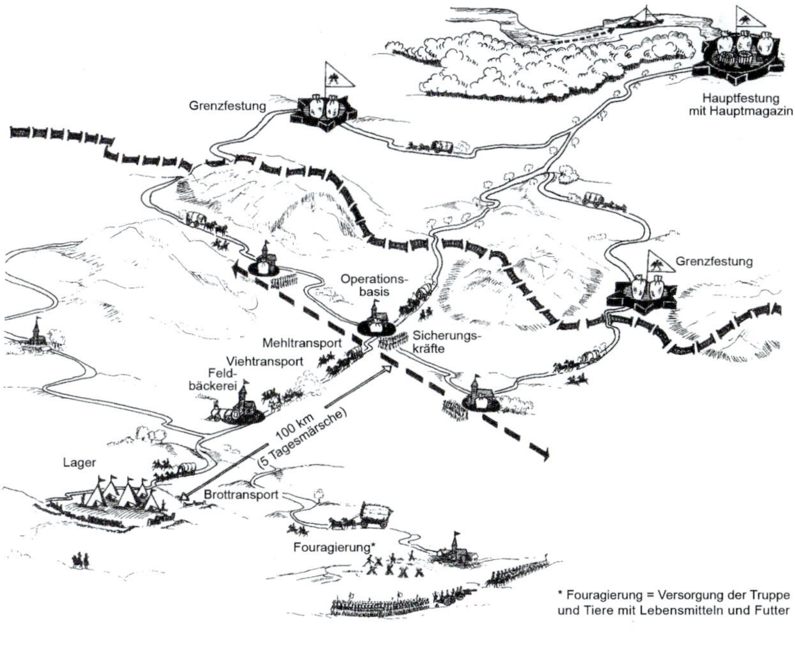

Dank der logistischen Versorgung durch Magazine konnten die stehenden Heere längere Zeit im Felde bleiben, ohne dass es zu regelmäßigen Plünderungen ganzer Landstriche wie im Dreißigjährigen Krieg kam.

Bellona, in der römischen Mythologie entweder als Tochter, Schwester oder Ehefrau des Kriegsgottes Mars dargestellt, war eine römische Kriegsgöttin. Gemälde von Rembrandt (1606–1669)

Mengen an Nachschub für größere Truppenverbände transportiert werden konnten. Den Festungen und der Sicherung der Wasserwege kam daher strategische Bedeutung zu. Da die Soldaten für das Gefecht und nicht für die Sicherstellung der Versorgung benötigt wurden, lieferten die Lebensmittel private Unternehmer.

Diese Art der Versorgung schränkte jedoch die Beweglichkeit und die Geschwindigkeit der Armeen erheblich ein. Eine Armee konnte sich in der Regel nicht weiter als 100 Kilometer von ihren Versorgungsmagazinen entfernen. Brach die Versorgung zusammen oder konnte der Tross dem Vormarsch der Armee nicht folgen, griffen die Soldaten immer wieder auf die Requisition zurück. Dann verschwand die »gezähmte Bellona«, und es erhob wieder, wenn auch meist nur für kurze Zeit, die Kriegsfurie des Dreißigjährigen Krieges ihr Haupt. In der Regel versuchte man zwar im Kabinettskrieg, die alltäglichen Grausamkeiten gegenüber der Zivilbevölkerung einzuhegen. Dies gelang aber nicht immer, beispielsweise wenn man zu Mitteln des Kleinen Krieges griff oder wenn die Versorgung nicht funktionierte und die Soldaten sich mit Plünderungen behalfen.

Angesichts der schwerfälligen Versorgung und deren Bedeutung für die Kriegführung zielte die sogenannte Manöverstrategie darauf ab, entweder die gegnerischen Versorgungslager zu zerstören oder zumindest den Gegner von seinen Versorgungslinien abzuschneiden, um ihn zum Rückzug zu nötigen. Die Manöverstrategie war Teil der Ermattungsstrategie, die darauf abzielte, unter Vermeidung einer Entscheidungsschlacht, den Gegner langfristig personell wie materiell »abzunutzen« und zur Aufgabe zu zwingen. Der Krieg besaß sowohl auf taktischer als auch auf strategischer Ebene einen eher defensiven Charakter.

Auf dem nordamerikanischen Kriegsschauplatz waren die britischen Truppen mit einer besonderen Form des Kleinen Krieges konfrontiert. Die zahlenmäßig unterlegenen Franzosen setzten auf die mit ihnen verbündeten Indigenen. Offene Feldschlachten gegen reguläre Truppen vermieden diese, wenn irgend möglich. In den unwegsamen und unübersichtlichen Wäldern feuerten sie, jede Deckung nutzend, als Einzelschützen. Als Jäger schossen sie mit Gewehren mit gezogenem Lauf gezielt auf ihre Gegner; Salvenfeuer mieden sie hingegen. Diese Kampfesweise führte auf britischer Seite zu hohen Verlusten. Zudem überfielen die Indigenen immer wieder ungeschützte Ansiedlungen oder die auf langen, kaum zu sichernden Wegen marschierenden Versorgungskolonnen der Briten. Die Siedler wiederum griffen gezielt die Behausungen der Indigenen an, um deren Nahrungsgrundlagen zu zerstören. Im Laufe des Krieges passten sich die Kolonisten im Gegensatz zu den regulären britischen Truppen immer mehr der Kampfesweise der Indigenen an.

Wie funktionierte der Seekrieg in dieser Epoche? Das strategische Ziel im 18. Jahrhundert bestand darin, die Herrschaft über Seegebiete zu erringen oder dem Gegner zumindest den Zugriff darauf zu verwehren. Zu diesem Zweck konnte eine gegnerische Flotte durch eine Blockade in ihren Häfen gebunden oder in einer oder mehreren Seeschlachten vernichtet werden. Beherrschte eine Flotte ein Seegebiet, konnte sie mit gezielten amphibischen Landungen oder Beschießungen von Häfen oder Festungen die Ressourcen des Gegners schädigen, nicht zuletzt

Das Kanonendeck des Flaggschiffs »Victory« von Lord Horatio Nelson, 1759 kielgelegt, zeigt die typische Breitseitenaufstellung eines Linienschiffs dieser Epoche.

solche zum Aufbau und Betrieb der Flotte. Sie konnte aber auch dessen Stützpunkte erobern sowie einen gewissen Einfluss auf die Landkriegführung nehmen. Zudem konnte mit schnellen Kriegsschiffen Handelskrieg geführt und damit sowohl der Seehandel als auch der Nachschub des Gegners geschädigt werden. Geografisch günstig gelegene Stützpunkte mit guten Hafen- und Befestigungsanlagen bildeten das Rückgrat der Seekriegsstrategie.

Der Träger des Seekrieges war das Kriegsschiff. Die Einführung von Kanonen auf Schiffen seit dem 15./16. Jahrhundert veränderte die Seekriegstaktik grundlegend. Anfang des 18. Jahrhunderts waren die Fregatte und das Linienschiff die zwei gängigen Schiffstypen. Die leichte-

re, dafür schnelle Fregatte hatte nur ein Deck und war mit bis zu 30 Zwölf- oder Achtzehn-Pfünder-Kanonen bestückt. Die Fregatte diente als Begleitschiff für Konvois, übernahm die Aufklärung für die Flotte und betrieb Handelskrieg.

Das Linienschiff war das schwerste Kriegsschiff dieser Epoche. Es wurde als Schlachtschiff in der Linie eingesetzt – daher der Name. Zwar war es langsamer als die kleinere Fregatte, konnte aber wegen der höheren Tonnage deutlich mehr und schwerere Kanonen tragen. Das Linienschiff verfügte nicht nur über die stärkere Bewaffnung, es besaß auch eine höhere Standfestigkeit als die Fregatte. Bei beiden Schiffstypen war die überwiegende Mehrzahl der Kanonen in Breitseitenaufstellung

Die Risszeichnung eines Linienschiffs dieser Epoche demonstriert die Komplexität des für die damalige Zeit hochmodernen Waffensystems.

angeordnet. Nur wenige Kanonen verblieben auf dem Vor- oder Achterdeck. Je nach Anzahl der durchgehenden Decks zur Aufstellung der Kanonen gab es beim Linienschiff, das bis zu 140 Kanonen tragen konnte, drei Ränge: Zwei-, Drei- und selten Vierdecker. Aufgrund der Segeleigenschaften und der Baukosten bildeten die Zweidecker das Rückgrat der französischen wie auch der britischen Marine. Sie trugen zwischen 50 und 80 Kanonen, meistens 24- und 32-Pfünder, deren Reichweite bis zu einer Seemeile betrug.

Zur Handhabung der vielen Segel und zur Bedienung der Geschütze hatte ein Linienschiff eine Besatzung von rund 650 Mann. Allein für die Bedienung einer schweren 32-Pfünder-Kanone waren zwölf Matrosen notwendig. Sie mussten unter Gefechtsbedingungen die Kanonen laden, ausrennen (herausschieben), abfeuern und anschließend von den Pulverresten säubern. Dies hatte so synchron wie möglich zu erfolgen, damit eine geschlossene Breitseite gefeuert werden konnte. Für unterschiedliche taktische Verfahren boten sich zwei Schießverfahren an. Auf nähere Entfernung und wenn man den Rumpf des gegnerischen Zieles treffen wollte, war Zielgenauigkeit nicht mehr zwingend erforderlich, sondern ein schnelleres Breitseitenfeuer. Nach zwei bis drei Minuten war eine erneute Breitseite möglich. Um dagegen aus großer Entfernung die Takelage eines gegnerischen Schiffes zu treffen, war Zielgenauigkeit zwingende Voraussetzung. Bei letzterem Schießverfahren dauerte das Abfeuern einer Breitseite bis zu fünf Minuten. Nicht nur für die Handhabung der Segel, sondern auch für die Bedienung der Kanonen war daher stetiger Drill erforderlich. Bei allem Drill war es, besonders bei widrigen Wetterbedingungen, immer schwierig, den Gegner überhaupt zu treffen. Die Seemannschaft der Besatzung war bei allem Waffendrill ein, wenn nicht *der* entscheidende Faktor im Gefecht.

Im Zentrum aller taktischen Überlegungen stand die Frage, wie die Stärke der Linienschiffe mit ihrer großen Feuerkraft in einer Seeschlacht am besten zur Geltung gebracht werden konnte. Zwei Denkschulen standen sich gegenüber. Die »Formalisten« forderten, die Linienschiffe in Kiellinie, also hinter- bzw. voreinander einzusetzen, um die volle Wirkung der Breitseitenaufstellung der Kanonen auszunutzen. Denn wenn sie sich in der Kiellinie und der Breitseitenaufstellung befanden, hatten alle Schiffe freies Schussfeld, feuerten im rechten Winkel zu ihrer Fahrtrichtung und behinderten einander nicht. Zudem konnten sie sich gegenseitig unterstützen und selbst bei einer örtlichen Überlegenheit des Gegners nicht niedergekämpft oder geentert werden. Weiterhin ermöglichte die Kiellinie im Feuergefecht auch bei durch Pulverqualm eingeschränkter Sicht die Führung der Flotte. Die Linientaktik unterband jedoch jede taktische Flexibilität. Das Idealbild zweier in Kiellinie nebeneinander segelnden und einander beschießenden Flotten war zudem unerreichbar, da die gegnerischen Flotten niemals derart spiegelbildlich aufeinandertrafen.

Die sogenannten Mêléeisten (von frz. *mêlée* = ›Getümmel‹) lehnten dagegen das starre Festhalten an der Linientaktik ab. Da ein entscheidender Seesieg und die Vernichtung der gegnerischen Flotte mit der Linientaktik nur sehr selten gelang, forderten sie die Aufgabe der Gefechtsordnung bei günstiger Gelegenheit, um die Linie des Gegners aufzubrechen, dessen Schiffe von beiden Seiten zu beschießen und sie im Einzelgefecht durch Eigeninitiative und massierten Angriff zu zerschlagen bzw. wenn möglich zu entern. Letzteres hatte für die Besatzung einen besonderen Reiz, denn für geenterte Schiffe gab es ein Prisengeld (zu frz. *prise* = ›Nehmen / Ergreifen‹), das nach einem bestimmten Regelsatz auf die Besatzung verteilt wurde.

Letztlich stritten die Vertreter beider Lager um folgende Frage: mit der Linientaktik eher defensiv zu agieren oder mit der offensiven Taktik der Mêléeisten höhere Risiken bis hin zur Vernichtung der Flotte in Kauf zu nehmen. Da enorme Summen in den Bau und Betrieb der Linienschiffe investiert werden mussten, beeinflussten auch ökonomische Zwänge die Entwicklung der Seekriegstaktik. Anfang des 18. Jahrhunderts hatte sich die Schule der »Formalisten« bei allen europäischen Seemächten und die Linientaktik zur allein gängigen Vorgehensweise durchgesetzt.

Landkriegs- und Seekriegstaktik hatten im Zeitalter der Kabinettskriege eines gemeinsam: Um die Feuerkraft der modernen Gewehre und Geschütze bestmöglich auszunutzen, bot sich die Linienformation an. Schlachten, die in dieser Formation geführt wurden, endeten meistens ohne einen klaren Sieg, schon gar nicht mit der Vernichtung des Gegners. Verfügte der Angreifer jedoch über gutausgebildete Soldaten und Matrosen sowie das richtige Material, konnte er mit einer Stoßtaktik auf eine Schwachstelle des Gegners diesen zwar nicht vernichtend schlagen, zumindest aber erheblich in seiner Kampfkraft schwächen.

↗ Friedrich Wilhelm I. erbaute das Große Militärwaisenhaus, um Kindern von gefallenen oder verarmten Soldaten eine ordentliche Ausbildung zu geben.

Soldatenalltag

Am Vorabend des Siebenjährigen Krieges dienten in den stehenden Heeren ca. eine Million Soldaten. Mit Ausnahme der preußischen Armee, die zumindest einen Teil ihrer Soldaten aus der einheimischen Bevölkerung rekrutierte, waren das angeworbene Söldner aus den verschiedensten Ländern. Im Gegensatz zu den Söldnerheeren der Jahrzehnte zuvor waren sie nun aber enger an ihren Landesherrn angebunden. Soldaten waren jedoch nicht nur, wie immer wieder zu lesen ist, Zwangsrekrutierte, Kriminelle oder Abenteurer, die ihre Zuflucht oder ihr Glück beim Militär suchten.

Für viele Männer der unteren Mittelschicht war der Soldatenberuf für eine gewisse Zeit attraktiv. Meistens verpflichteten sie sich auf zwei bis sechs Jahre. Lebenslange Verpflichtungen gab es; sie waren aber die Ausnahme. Da der Landesherr möglichst viele Soldaten unterhalten wollte, war deren Entlohnung oft knapp bemessen. Neben ihrem Sold erhielten die Soldaten Kleidung in Form einer jährlich neuen Uniform, freie ärztliche Versorgung, unentgeltliche Unterkunft und täglich Brot

Das holländische Viertel in Potsdam zeigt beispielhaft, wie Bürgerquartiere für Soldaten in dieser Epoche aussahen.

kostenlos zugeteilt. Ein Soldat kam mit seinen Geld- und Sachbezügen auf den Lohn eines vollbeschäftigten Tagelöhners.

Einquartiert waren die Soldaten in der Regel in Bürgerhäusern in den Garnisonsstädten, seltener auf dem Land. Die kostenlose Unterkunft, die auch die Versorgung mit einschloss, war ein Teil der Soldleistung an die Soldaten. Die Bürger hatten die Einquartierung als Steuer zu erbringen. Die Anzahl der ihnen zugeteilten Soldaten richtete sich nach dem Vermögen des Haushaltes sowie der Größe des Hauses. Unverheiratete Soldaten waren in einer gemeinsamen Stube untergebracht, verheiratete erhielten eigene Stuben. Wer es sich als Bürger leisten konnte, kaufte sich von der Verpflichtung frei.

Durch die Einquartierung kamen die zivile und die militärische Welt in täglichen Kontakt zueinander. Einerseits führte das enge Zusammenleben des Öfteren zu Spannungen, die nicht selten in Gewalt endeten. Andererseits entstanden durch das enge Miteinander auch tragende soziale Verbindungen. Eheschließungen von Soldaten bedurften der Genehmigung, da der Landesherr im Todesfall für die Hinterbliebenen sorgen musste. Die Soldaten prägten, da sie auch in der Freizeit Uniform trugen, das Stadtbild der Garnisonsstädte. So war beispielsweise in Potsdam fast jede dritte Person Teil des Militärs. Viele Soldaten bevölkerten in ihrer Freizeit nicht nur die Kneipen, sondern arbeiteten nebenbei im Handwerk oder im Handel, um ihren Sold aufzubessern. Diese Konkurrenz war von den ansässigen Handwerkern nicht immer gerne gesehen, zumal für die im Nebenerwerb tätigen Soldaten die Zunftverordnungen nicht galten.

Mit Beginn seines Dienstverhältnisses betrat der angehende Soldat eine neue Welt. Soldaten und ihre Familien unterstanden der Militärgerichtsbarkeit. Die Prügelstrafe für kleinere Verfehlungen war an der Tagesordnung. Die Vorgesetzten prügelten ihre Soldaten oder griffen immer dann zum Stock, wenn sie die Disziplin und den reibungslosen Dienstablauf gefährdet sahen, oder um Fehler während des Exerzierdrills zu ahnden. Wie im Zivilen gehörte im Dienst des Soldaten Gewalt zum Alltag. Besonders in Kriegszeiten setzten Vorgesetzte in allen europäischen Armeen physische Gewalt gegen ihre Untergebenen ein. Die preußische Armee stand im Ruf, ihre Soldaten körperlich besonders hart zu züchtigen, teilweise gar mit Todesfolge. Offiziere, die meistens Adelige waren, waren ausdrücklich von der Prügelstrafe ausgenommen. Für sie galt zudem ein eigenes Dienstreglement.

Straftaten, deren Ahndung die Disziplinarbefugnis der Vorgesetzten überstieg, verhandelten Stand- und Kriegsgerichte. Einzelne Soldaten, aber auch ganze Regimenter konnten für Fehlverhalten, z. B. Feigheit in der Schlacht, degradiert werden. Die Militärgerichte durften vom Spießrutenlaufen bis hin zur Todesstrafe jedes Strafmaß verhängen. Auf schwere Verbrechen wie Kameradenmord oder Hochverrat stand die Todesstrafe, ebenso auf Fahnenflucht. In den meisten Armeen dieser Zeit war die willkürliche Anwendung extremer physischer Gewalt, etwa die Misshandlung von Untergebenen, dagegen verboten und stand unter Strafe.

Ihre rechtliche Sonderstellung bot den Soldaten auch gewisse Vorteile. So verhinderten Vorgesetzte oft gerechtfertigte oder ungerechtfertigte Übergriffe der lokalen Obrigkeiten auf ihre Männer. Überhaupt war das Verhältnis zwischen Vorgesetzten und Untergebenen nicht nur durch Zwang und körperliche Gewalt geprägt, sondern auch, abhängig von den jeweiligen Vorgesetzten, von einer gewissen Fürsorge.

Das Fundament der militärischen Ausbildung waren Disziplin und

Soldaten in allen Staaten unterlagen einer eigenen, strengen Militärjustiz. In vielen Armeen war die entehrende Prügelstrafe an der Tagesordnung. Kupferstich von Hanns Friedrich von Flemming (1670–1733)

Drill. Beide waren notwendig, um in der rangierten Schlachtordnung kämpfen zu können. Der Disziplinierungsdruck beschränkte sich in Preußen nicht auf die einfachen Soldaten, sondern betraf auch die adeligen Offiziere, die seit Friedrich Wilhelm I. zum Dienst in der Armee verpflichtet waren. Im Gegensatz zu den Jahrzenten zuvor erlegten die Reglements den Offizieren in Preußen klare Pflichten auf. So hatten sie in ihren Einheiten präsent zu sein und waren für den Ausbildungsstand ihrer Soldaten verantwortlich.

Im Drill übten die neuen Rekruten daher mehrere Wochen unter Aufsicht ihrer Offiziere die für die einheitliche und schnelle Schussfolge notwendigen Handgriffe. Ferner trainierten sie Bewegungsabläufe in kleineren und mittleren Formationen. In den meisten Staaten prüften einmal jährlich die Landesherren und die Generalität den Ausbildungsstand der Truppe. Diese großen »Revuen« und Feldmanöver waren zugleich eine politische Demonstration der militärischen Leistungsbereitschaft.

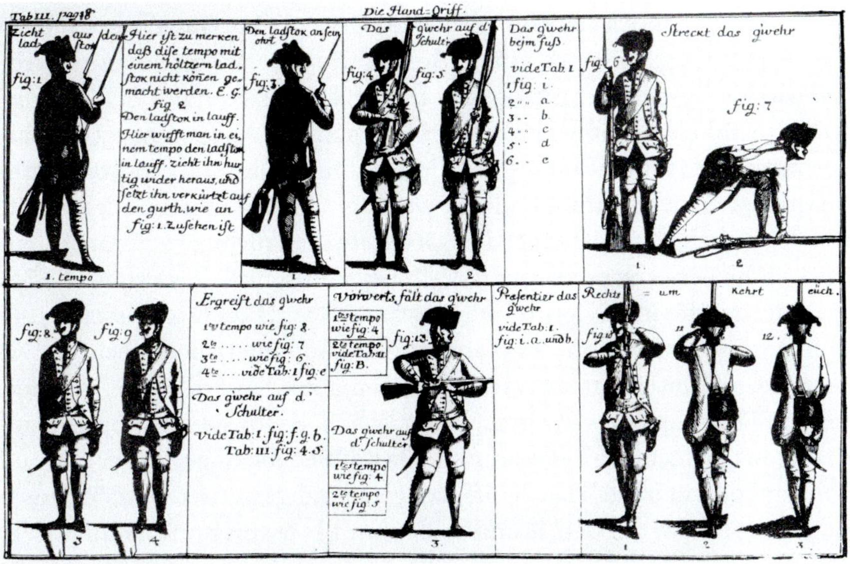

Der Formaldienst des Exerzierens diente der Ausbildung in der Bewegung geschlossener Formationen und im Waffengebrauch. Zeitgenössische Grafik

Die Soldaten waren, soweit sie nicht wie in Preußen mit Masse beurlaubt waren, in der Regel in ummauerten Garnisonsstädten untergebracht. Der militärische Tagesablauf bestand neben dem stundenweisen Exerzieren in erster Linie aus dem Wachdienst. Dieser begann meistens mittags mit einem militärischen Zeremoniell, dem Wachwechsel. Die Soldaten kontrollierten nicht nur an den Stadttoren alle Ladungen und alle Personen, die die Stadt betraten oder verließen; sie bewachten auch wichtige Gebäude wie das jeweilige Zeughaus und patrouillierten in der Stadt. Der Wachdienst dauerte in der Regel vierundzwanzig Stunden; je nach Größe der Garnison und der Garnisonsstadt leisteten die Soldaten ein- oder zweimal in der Woche Wachdienst. Er diente nicht nur dem Schutz der Stadt, er sollte auch die in allen Armeen weitverbreitete Desertion verhindern. Obwohl sich die meisten Soldaten freiwillig verpflichtet hatten, versuchten viele, dem Zwangssystem Armee zu entkommen.

Nicht nur die Soldaten an Land, sondern auch die Matrosen auf See waren einem gnadenlosen Drill ausgesetzt. Hier wie dort ging es um die Beherrschung der Feuerwaffen und einer möglichst raschen Schussfolge. An Bord eines Schiffes verwendete man keine Gewehre, sondern Geschütze. Das Abfeuern einer »Breitseite«, d. h. das gemeinsame Abfeuern der Geschütze an einer der beiden Längsseiten des Schiffes, erforderte hohe Präzision und schwere körperliche Anstrengung; es wurde immer wieder drillmäßig trainiert. Strenge Disziplin an Bord eines Schiffes war nicht nur im Gefecht wichtig. Ohne sie war auf den Schiffen der tägliche Kampf gegen die Naturgewalten nicht zu gewinnen. Für die sichere Beherrschung eines Waffensystems, und dies waren die Segellinienschiffe im 18. Jahrhundert, war eine perfekte Organisation und eine gute Koordination der Handlungsabläufe überlebenswichtig. Die Seeleute an Bord mussten zuerst die Seemannschaft, d. h. alle Tätigkeiten zur Führung eines Schiffes, beherrschen, bevor sie mit Aussicht auf Erfolg ins Gefecht ziehen konnten. Da auf See die Segel bei Wind und Wetter bedient sowie das Schiff navigiert und gesteuert werden musste, arbeiteten bis auf den Kommandanten alle Mann im Schichtbetrieb, meist eingeteilt in drei Wachen. Die Ausbildung der oft »gepressten«, d. h. gewaltsam rekrutierten, Matrosen und auch der Seeoffiziere erfolgte an Bord.

Obwohl der Sold der Matrosen nicht schlecht war, hatten die Seeleute der Handelsmarine meistens kein Interesse an dem harten und gefährlichen Dienst an Bord eines Kriegsschiffes, zumal eine Verpflichtung bis zum nicht absehbaren Kriegsende galt. Die Kommandanten behalfen sich daher in Kriegszeiten mit Zwangsrekrutierungen. Sogenannte Presskommandos durchkämmten die Hafenstädte und rekrutierten die Handelsschiffer sowie, wenn der Personalmangel groß war, auch alle Männer, derer sie habhaft wurden, mit Gewalt. Obwohl auf Desertion die Todesstrafe stand, versuchten viele Matrosen daher, sobald ein Schiff im Hafen lag, zu fliehen.

Zur Durchsetzung der Disziplin herrschte an Bord eine strenge Hierarchie. Über allen stand der Kommandant. Er trug die alleinige Verantwortung für das ihm anvertraute Schiff und besaß die fast uneingeschränkte Straf- und Kommandogewalt über die Männer an Bord. Die rechtliche Grundlage dafür bildeten die Kriegsartikel. Die für die Royal Navy im Siebenjährigen Krieg gültigen Kriegsartikel hatte das britische Parlament 1749 erlassen. Verstöße gegen die Disziplin an Bord wurden drakonisch bestraft. Während für leichtere Vergehen z. B. Rumentzug vorgesehen war, wurden schwerere Disziplinlosigkeiten mit Peitschen-

Presskommandos durchkämmten die Hafenstädte und rekrutierten mit Gewalt Seeleute für die Kriegsschiffe.

hieben bestraft. Nur für schwerste Delikte wie Meuterei war die Ahndung durch ein Kriegsgericht vorgeschrieben. Auf vielen Schiffen war die Prügelstrafe gang und gäbe, Gewalt vonseiten der Vorgesetzten war alltäglich. Nicht zuletzt für die Aufrechterhaltung der Disziplin gab es immer eine gewisse Anzahl an Marineinfanteristen an Bord. Aber nicht alle Schiffe waren »schwimmende Höllen«. Es lag immer im Ermessen des Kommandanten, ob und wie hart er die Kriegsartikel auslegte und wie er für Disziplin sorgte.

Je nach Größe des Schiffes dienten mehrere Seeoffiziere im Rang eines Leutnants an Bord. Ihnen zur Hand gingen Deckoffiziere. Sie waren das Bindeglied zwischen Offizieren und Mannschaften und bildeten das Rückgrat des Schiffes. Unter ihnen hatten der Bordarzt, der Segelmeister und der Zahlmeister eine herausgehobene Stellung. Für den seemännischen Regelbetrieb und die Geschützausbildung waren Bootsmänner zuständig, die sich in der Regel aus dem Mannschaftsstand hochgedient hatten.

Wenig Platz zum Essen und Schlafen an Bord eines britischen Linienschiffes. Jeder Platz wurde ausgenutzt.

An Bord herrschte große Enge. Die Matrosen, auf einem Linienschiff ca. 650 Mann, hausten unter Deck in den Geschützdecks. Dort schliefen sie dicht an dicht in Hängematten. Die Offiziere lebten in kleinen Kajüten neben der Offiziersmesse. Dort nahmen sie, getrennt von den Mannschaften, auch die eigens für sie zubereiteten Mahlzeiten ein. Nur der Kommandant hatte am Heck eine eigene Kapitänskajüte. Die Offiziere waren nicht nur deutlich besser untergebracht als die Seeleute, sondern trugen zum Zeichen ihrer herausgehobenen Stellung als einzige Uniformen. Die Matrosen mussten im Gegensatz zu Soldaten an Land für ihre Kleidung selbst aufkommen.

Zwar erhielten auch die Seeleute regelmäßige Mahlzeiten an Bord, doch bei längeren Fahrten gab es nur den oft von Ungeziefer befallenen Schiffszwieback und Pökelfleisch. Maden in den Lebensmitteln und Ratten gehörten zum Alltag. Da Wasser schnell faulte, tranken die Seeleute meistens dünnes Bier und Wein, aber auch Rum. Alkohol war daher ein ständiger Begleiter an Bord. Die Unterversorgung mit frischen Lebensmitteln führte regelmäßig zu Mangelkrankheiten. Besonders der durch Vitamin-C-Mangel hervorgerufene Skorbut trat auf längeren Fahrten auf und schränkte die Leistungsfähigkeit der Besatzungen stark ein. An Bord herrschten katastrophale hygienische Verhältnisse. Trinkwasser, auf See ein Mangelprodukt, war streng rationiert. Für Körperhygiene und die Reinigung der Kleidung stand, wenn überhaupt, nur wenig Wasser zur Verfügung. Die vielen hundert Mann, die auf engstem Raum zusammengepfercht lebten, waren daher der ideale Nährboden für Läuse, Flöhe und Wanzen.

Verglichen mit den Lebensumständen der unteren städtischen und ländlichen Unterschichten unterschieden sich die Verhältnisse auf See kaum von denen an Land. Gewalt war überall und alltäglich. Meister schlugen ihre Lehrlinge, Eltern ihre Kinder und die Herrschaften ihre Bediensteten. Auch lebten die Menschen der sozialen Unterschichten an Land ebenso beengt und unter schlechten Hygienebedingungen wie die Matrosen an Bord. Im Gegensatz zur Stadtbevölkerung bekamen die Seeleute zwar oft schlechte, aber immerhin regelmäßige Mahlzeiten. Die oft unmenschliche Disziplin und die Abwesenheit von Frauen beeinträchtigten dagegen die Stimmung an Bord sehr. Der entscheidende Unterschied zum Leben an Land war die Gefahr durch die Naturgewalten, der die Seeleute an Bord potenziell jederzeit ausgesetzt waren.

↗ Friedrich II. ergriff während der Schlacht von Zorndorf am 25. August 1758 die Fahne des Regimentes Bülow und führte seine zurückweichenden Regimenter zu Fuß zum Gegenangriff.
Gemälde von Carl Röchling

Sieben Jahre Krieg

Auf dem Weg zum »Rendezvous des Ruhms«

In den frühen Morgenstunden des 29. August 1756 marschierten preußische Truppen ohne Kriegserklärung in Sachsen ein. Friedrich II., der sich seit seinen Schlachterfolgen der Jahre 1744/45 »der Große« nennen ließ, entschied sich für diesen Schritt in der Überzeugung, ein Krieg gegen Österreich, Russland und Frankreich sei in absehbarer Zeit unabwendbar. Im Gegensatz zum Angriff auf Schlesien existierten noch nicht einmal fadenscheinige Erbansprüche. Als Begründung für diesen außergewöhnlichen Bruch des Völkerrechts erklärte er im Nachhinein: »besser prävenire als präveniri« (›besser anderen zuvorkommen als sich zuvorkommen lassen‹).

Frankreich und Österreich nahmen sofort Verhandlungen auf, um den wenige Monate zuvor abgeschlossenen Defensivvertrag von Versailles in ein Offensivbündnis gegen Preußen umzuwandeln und weitere Bündnispartner zu gewinnen. Erste diplomatische Erfolge erzielten sie, als sich zu Jahresbeginn 1757 die Reichsstände des Heiligen Römischen Reiches, darunter auch viele protestantische Fürsten, gegen den preußischen Aggressor stellten.

Der Zeitpunkt für den Überfall auf Sachsen war günstig gewählt. So spät im Jahr konnten weder die Russen noch die Franzosen noch mobilmachen und ihre Truppen gegen Preußen ins Feld führen. Dem preußischen König öffnete sich damit ein kurzes Zeitfenster, um mit einem schnellen Schlag gegen das Herz der Koalition, Österreich, das gegnerische Bündnis zu zerbrechen, bevor dieses sich festigen konnte.

Friedrichs II. Strategie lag die Erkenntnis zugrunde, dass Preußen keinen langwierigen Ermattungskrieg gewinnen könne. Daher machte er aus der Not eine Tugend und entschied sich statt für die eher auf Schlachtvermeidung setzende Manöverstrategie für die Entscheidung in der Schlacht. Die schnelle Entscheidungsfindung und Umsetzung war eine der Stärken des *roi connétable*. Auch Kompetenzgerangel wie in den Armeen seiner Gegner gab es unter ihm nicht. Das Fundament seiner Kriegführung waren neben der Qualität seiner Armee die kurzen, durch eine Festungskette gesicherten Nachschubwege. Diese ermöglichten dem preußischen König auch das schnelle Operieren auf der inneren Linie.

Friedrich II. griff zunächst das neutrale Sachsen und nicht Österreich an, weil er zum einen fürchtete, Sachsen werde ihm wie schon 1745 in den Rücken fallen. Zum anderen wollte er sich die wirtschaftlichen und finanziellen Ressourcen des reichen Sachsen für den weiteren Kriegsverlauf sichern. Auch wenn Friedrich II. wiederholt seiner Generalität erklärte, Preußen könne einen langen Ermattungskrieg nicht gewinnen und müsse daher auf eine schnelle Kriegsentscheidung dringen, war der Überfall auf Sachsen keineswegs, wie die kriegsgeschichtliche Abteilung des Generalstabes später im 19. Jahrhundert argumentierte, die Ouvertüre dazu. Mit der Eroberung des Kurfürstentums schuf Friedrich II. vielmehr die Voraussetzung, um den unerwünschten, aber auch nicht auszuschließenden Ermattungskrieg durchstehen zu können. Zudem konnten die preußischen Truppen in Sachsen, vielleicht sogar in Böhmen ihr Winterquartier beziehen. Nicht zuletzt hätte Friedrich II. in einem zukünftigen Friedensschluss gerne Teile Sachsens für sein Königreich annektiert.

Ohne auf Widerstand zu stoßen, marschierten 70 000 preußische Soldaten in drei Kolonnen in Sachsen ein. Auf seinem Weg zum »Rendezvous des Ruhms« rückte Friedrich II. mit der mittleren Kolonne auf Dresden vor. Die sächsische Armee mit 20 000 Mann stellte sich jedoch nicht zur Schlacht, sondern zog sich in ein von der Festung Königstein gedecktes befestigtes Lager bei Pirna zurück und wurde dort Mitte September von 32 000 Preußen komplett eingeschlossen. Nachdem Sachsen Friedrich kampflos in die Hände gefallen war, begann er sofort mit der gezielten Ausplünderung des Landes. Bis zum Kriegsende trug das besetzte Kurfürstentum mit fast 50 Millionen Talern mehr als ein Drittel der preußischen Kriegskosten.

Erst Ende September 1756 überschritt Friedrich II. mit 29 000 Mann und rund 100 Geschützen die böhmische Grenze. Von einem starken Vorstoß auf das kaum verteidigte Prag, den er vollmundig wenige Wochen zuvor dem britischen Gesandten an seinem Hof angekündigt hatte, konnte keine Rede sein. Letztlich reagierte Friedrich II. damit auf die unerwartet schnelle Mobilmachung der habsburgischen Armee. Mittlerweile hatten sich knapp 55 000 österreichische Soldaten in Böhmen versammelt, und unter dem Kommando von Feldmarschall Maximilian Browne rückte eine Armee von 34 000 Mann zum Entsatz der sächsischen Armee nach Norden vor. Bei der Stadt Lobositz an der Elbe kam es am 1. Oktober 1756 zur ersten Landschlacht des Siebenjährigen Krieges in Europa.

Ohne ausreichende Aufklärung griffen die Preußen in den frühen Morgenstunden die in Lobositz verschanzten Österreicher an. Nach schweren Artillerieduellen und hohen Verlusten auf beiden Seiten versuchte Friedrich II. durch eine Kavallerieattacke die Schlacht zu entscheiden. Der preußische Kavallerieangriff brach jedoch vor der österreichischen Artillerie zusammen. Wie bei Mollwitz 1741 verließ der König daraufhin das Schlachtfeld, doch gewann die preußische Infanterie erneut die Oberhand und verdrängte die Österreicher aus Lobositz. Um seine Kräfte für den Entsatz der Sachsen zu schonen, nahm Browne seine Armee, die größtenteils noch gar nicht in die Kämpfe eingegriffen hatte, geordnet in sein Feldlager zurück.

Da die Preußen das Schlachtfeld am Abend behauptet hatten, reklamierte Friedrich II. den Sieg für sich. Dieser war mit hohen Verlusten erkauft und bei Weitem nicht der entscheidende Erfolg, der die Bildung

In der Schlacht von Lobositz musste Friedrich II. erkennen, dass die österreichische Armee in Disziplin, Truppenführung und Bewaffnung große Fortschritte gemacht hatte. Radierung, undatiert

der antipreußischen Koalition noch hätte verhindern können. Der preußische König musste erkennen, dass die Heeresreformen Maria Theresias eine neue habsburgische Armee geschaffen hatten. Das war nicht mehr die Armee des Österreichischen Erbfolgekrieges. Auch wenn die Habsburger noch nicht an die Schlagkraft der preußischen Infanterie heranreichten, hatten sie in Disziplin, Truppenführung und Bewaffnung große Fortschritte gemacht. Besonders die neuorganisierte österreichische Artillerie hatte in der Schlacht ihre hohe Qualität unter Beweis gestellt. Die Armee war mittlerweile so gefestigt, dass Browne ein schnelles Korps zum Entsatz der sächsischen Armee in Marsch hatte setzen können – wenn auch erfolglos: Am 14. Oktober 1756 kapitulierte schließlich die vom Hunger geplagte sächsische Armee.

Die Bilanz, die Friedrich II. am Ende des Jahres zog, fiel gemischt aus.

Als Gewinn konnte er die Ausschaltung der sächsischen Armee und die Eroberung Sachsens mit seinen wirtschaftlichen Ressourcen verbuchen. Dagegen war es nicht gelungen, die Österreicher schnell und entscheidend zu schlagen und damit die antipreußische Koalition zu sprengen. Im Gegenteil: Mit seinem Präventivschlag hatte er die Koalition endgültig zusammengeführt, während ihm nur das eher zögerliche Großbritannien samt dem Kurfürstentum Hannover sowie eine Handvoll kleinerer deutscher Staaten zur Seite standen.

In Wien dagegen war man mit der Lageentwicklung zufrieden. Die Armee hatte sich ordentlich geschlagen, und auf dem diplomatischen Parkett zeigte sich Frankreich zu einem Offensivbündnis mit Österreich bereit. Auch Ludwig XV. und seine Berater in Versailles blickten positiv gestimmt auf die letzten Monate zurück. Menorca war besetzt,

Globale Ausdehnung des Siebenjährigen Krieges

1. **Virginia, Pennsylvania, Ohio-Hinterland:** Washington-Expedition 1753; Fort Necessity 1754; Bouquet-Expedition 1763 und 1764
2. **Nova Scotia (Acadien):** Expedition von 1754; Deportation der Acadier
3. **Hudson-River, Champlain-See, Richelieu-River-Korridor:** Schlacht am George See 1755; Belagerung von Fort William Henry 1757; Schlacht von Ticonderoga 1758
4. **Mohawk-Tal, Ontario-See, oberes St. Lawrence-Tal:** Belagerung von Oswego 1756
5. **Schlacht und Belagerung von Menorca**
6. **Operationen in Zentraleuropa 1756 – 1763**
7. **Operationen in Bengalen und Schlacht von Plassy 1757**
8. **Belagerung von Louisbourg 1758**
9. **Expeditionen in Westafrika 1758**
10. **Québec und oberes St.-Lawrence-Tal:** Belagerung und Schlacht von Québec 1759; Zweite Schlacht und Belagerung von Québec 1760; Murray-Expedition 1760

. **Östliche Karibik:** Expedition nach Martinique und Guadeloupe 1759; Eroberung von Martinique und der umliegenden kleineren Inseln 1761/62

. **Britische Marine-Operationen bei Gibraltar:** Abriegelung der französischen Mittelmeerflotte in Toulon 1758; Schlacht bei Lagos 1759

. **Britische Operationen an der französischen Küste:** Überfälle auf die französische Küste 1757/58; Schlacht in der Bucht von Quiberon 1759

. **Operationen an der Koromandel-Küste (Südostindien) 1758 – 1760:** Belagerung von Madras 1758/59; Schlacht bei Wandiwash 1760; Belagerung von Pondicherry 1760/61

. **Neufundland-Operationen 1762**

. **Belagerung von Havanna 1762**

. **Eroberung von Manila 1762**

. **Pontiac-Aufstand 1763 – 1765**

Quelle: Anderson, Crucible of War, Vorsatz.

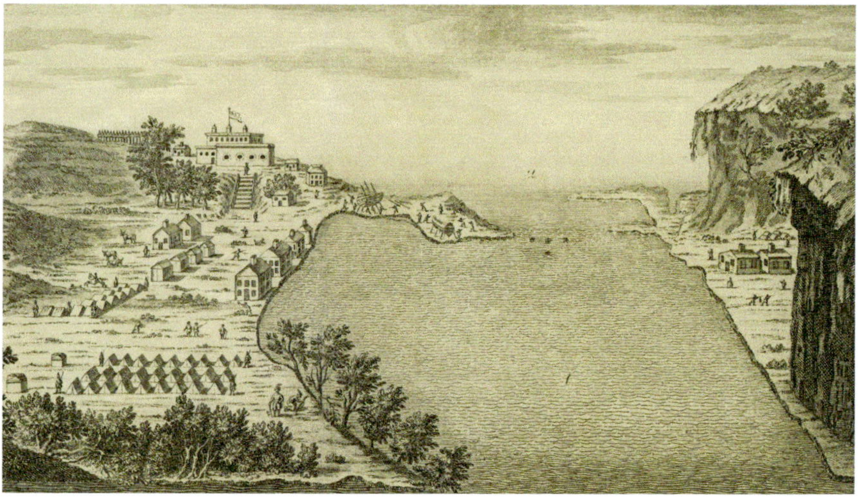

Das an der strategisch wichtigen Mündung des Oswego in den Ontariosee gelegene Fort Ontario wurde Ende September 1756 von Franzosen und verbündeten Indigenen erobert. Zeitgenössische Grafik

die britische Offensive am Ohio zurückgeschlagen. Ende September 1756 war zudem das strategisch wichtige Fort Ontario an der Mündung des Oswego in den Ontariosee von einem aus französischen Milizen und Indigenen bestehenden Verband erobert worden. Dieser Sieg war nicht zuletzt der Tatsache zu verdanken, dass mit den Franzosen verbündete Delaware und Shawnee mit ihren Attacken starke britische Truppen im Hinterland gebunden hatten sowie nicht unerhebliche Verstärkungen aus Frankreich eingetroffen waren. Allein 18 Linienschiffe und drei Fregatten hatten Louisbourg erreicht. Dank dieses Sieges schlossen sich nicht nur vorher neutrale Stämme der Indigenen den Franzosen an, sondern auch die bis dahin mit den Briten verbündeten Oneida und Seneca liefen zu den Franzosen über.

Auch in Indien schien sich die Lage zugunsten Frankreichs zu entwickeln, denn der Nawab von Bengalen, Siraj ud-Daulah, eroberte im Juni 1756 Fort William und Kalkutta. Dadurch schwächte er die britische Position auf dem indischen Subkontinent entscheidend.

Angesichts dieser Erfolge mussten Ludwig XV. und seine Berater entscheiden, ob sie ihre beschränkten Ressourcen in den Seekrieg und damit in den Kampf um die Kolonien oder in den Landkrieg in Mittel-

Für William Pitt d. Ä. war der Kampf gegen Frankreich in den Kolonien wichtiger als die Verteidigung des Kurfürstentums Hannover. Gemälde von William Hoare of Bath (1707–1792)

europa investieren sollten. Es galt zu klären, ob Frankreich zukünftig eine Kolonial- oder eine Kontinentalmacht sein sollte. Da die Führung in Versailles sich nicht auf eine Strategie einigen konnte, verzichtete sie auf die zwingend notwendige Schwerpunktbildung und beschloss, auf beiden Kriegsschauplätzen aktiv zu werden, obwohl die französischen Ressourcen dies nicht erlaubten. Diese Fehlentscheidung sollte über die Jahre schwere Folgen für Frankreich haben, denn das Verfolgen zu vieler gleichzeitiger Ziele führte zur imperialen Überdehnung.

In London steuerte William Pitt d. Ä. als neuer Außenminister seit 1756 die Politik Großbritanniens. Damit war die strategische Ausrichtung der britischen Politik der nächsten Jahre vorgegeben: Statt der Verteidigung der königlichen Interessen im Kurfürstentum Hannover trat der Kampf um die Vorherrschaft in den Kolonien in den Vordergrund der britischen Kriegführung. Pitts Ziel war die Eroberung Kanadas. Für Friedrich bedeutete dies freilich, dass er keine wirksame Unterstützung hatte.

Die Schlacht bei Prag, 6. Mai 1757

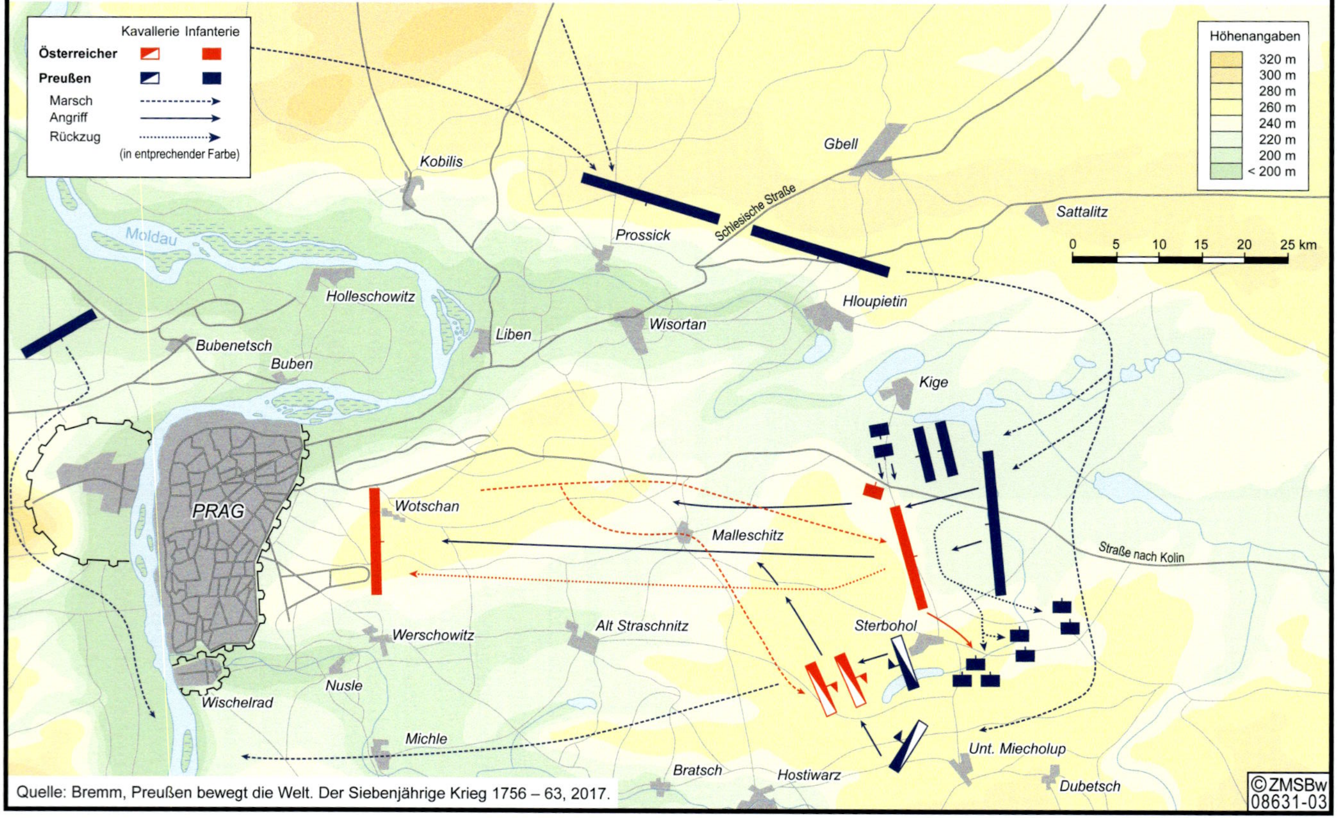

Quelle: Bremm, Preußen bewegt die Welt. Der Siebenjährige Krieg 1756 – 63, 2017.

Von Siegen und Niederlagen

Während die Armeen sich in ihren Winterquartieren auf das nächste Kriegsjahr vorbereiteten, konnte Maria Theresia weitere diplomatische Erfolge feiern. Im Januar 1757 trat Russland vertraglich an die Seite Österreichs und Frankreichs und verpflichtete sich, 80 000 Mann gegen Preußen ins Feld zu führen. Im selben Monat erfolgte die Kriegserklärung des Reiches an Preußen. Letztere hatte jedoch nur geringe militärische Bedeutung, da die deutschen Fürsten ihr militärisches Engagement an den Schlachterfolgen der Kriegsparteien orientierten und gerne ihre Neutralität betonten. Zudem trat Schweden der antipreußischen Allianz bei.

Die Strategie der Anti-Preußen-Koalition war klar festgelegt. Mit Angriffen von allen Seiten (äußere Linie) und durch geschicktes Manövrieren wollte sie die preußischen Kräfte zersplittern und dann getrennt voneinander schlagen. Diese Manöverstrategie erforderte ein hohes Maß an Koordination, da die verbündeten Streitkräfte über große Entfernungen zielgerichtet geführt werden mussten. Zudem mussten sich die Feldherren immer wieder des Rückhalts ihrer Herrscher und Kabinette versichern, was die Kriegführung verlangsamte. Auch die langen Versorgungswege stellten die Verbündeten vor große Probleme. Nicht zuletzt bedurfte die Koalitionskriegführung eines hohen Maßes an wechselseitigem Vertrauen, sowohl auf der Ebene der Herrscher als auch auf jener der Feldherren.

Um die Initiative in der Hand zu behalten, marschierte Friedrich II. Mitte April 1757 mit 116 000 Mann noch tiefer in Böhmen ein. Ziel der Offensive war Prag. Dort plante der preußische König, die österreichische Armee, die mittlerweile auf 100 000 Mann angewachsen war, zur Schlacht zu stellen, um nach einem überzeugenden Sieg Maria Theresia an den Verhandlungstisch zu zwingen. In Wien wurde man von der frühen preußischen Offensive überrascht. Ohne größere Gegenwehr stießen die Preußen auf Prag vor, wo die Österreicher sich am 6. Mai 1757 zur Schlacht stellten. Nach wechselvollen Kämpfen behaupteten die Preußen als Sieger das Schlachtfeld. Der preußische Erfolg war erneut teuer erkauft. Die preußische Armee verlor mit 14 500 Toten und Verwundeten, darunter viele hohe Offiziere und Generale, fast ein Viertel ihrer vor Prag eingesetzten Truppen. Die geschlagenen Österreicher zo-

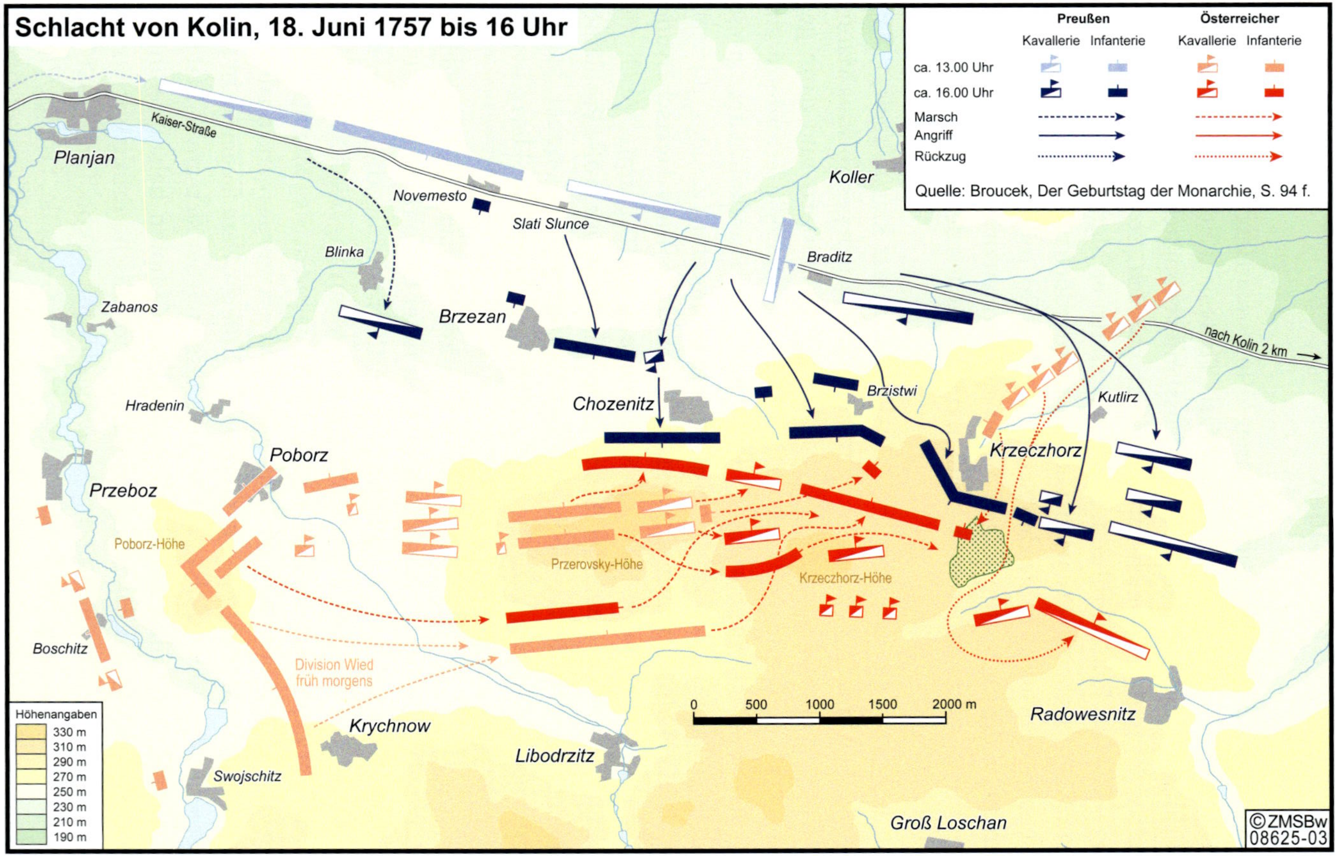

Schlacht von Kolin, 18. Juni 1757 bis 16 Uhr
Preußen
Österreicher
Kavallerie
Infanterie
ca. 13.00 Uhr
ca. 16.00 Uhr
Marsch
Angriff
Rückzug
Quelle: Broucek, Der Geburtstag der Monarchie, S. 94 f.
Planjan
Kaiser-Straße
Novemesto
Slati Slunce
Koller
Braditz
nach Kolin 2 km
Blinka
Zabanos
Brzezan
Chozenitz
Brzistwi
Kutlirz
Krzeczhorz
Hradenin
Poborz
Przeboz
Poborz-Höhe
Przerovsky-Höhe
Krzeczhorz-Höhe
Boschitz
Division Wied
früh morgens
Krychnow
Libodrzitz
Swojschitz
Radowesnitz
Groß Loschan
0
500
1000
1500
2000 m
Höhenangaben
330 m
310 m
290 m
270 m
250 m
230 m
210 m
190 m
©ZMSBw
08625-03

gen sich mit 35 000 Mann in die Stadt zurück und wurden von den Preußen eingeschlossen.

Friedrich II. wartete vor Prag vergebens auf das erhoffte österreichische Verhandlungsangebot. Ihm lief indes die Zeit davon: Im Westen rückten die Franzosen gegen die preußischen Gebiete in Nordwestdeutschland vor, und ein russischer Vormarsch auf Ostpreußen war nur eine Frage der Zeit. Zudem zogen die Österreicher unter Daun Truppen für einen Entsatzangriff auf Prag zusammen. Als kein Verhandlungsangebot der Österreicher erfolgte, befahl Friedrich II. die Beschießung der Stadt. Da dies keine Wirkung zeigte, entschloss er sich, die österreichische Entsatzarmee, die sich mittlerweile mit 54 000 Mann in Richtung Prag in Marsch gesetzt hatte, anzugreifen. Da Friedrich II. große Teile seiner Armee zur Belagerung Prags zurückließ, standen ihm lediglich 34 000 Mann zur Verfügung.

Angesichts dieser Lage schlugen ihm seine Generale vor, eine gutgewählte Verteidigungsstellung einzunehmen. Friedrich II. war fest davon überzeugt, die Österreicher könnten einem Angriff der preußischen Infanterie nicht standhalten. Am 18. Juni 1757 kam es bei Kolin zur Schlacht. Der Versuch Friedrichs II., die gute Stellung Dauns zu umfassen, scheiterte jedoch. Am Ende des Tages waren von den 34 000 Preußen über 12 000 gefallen oder verwundet. Kolin war die erste große Niederlage Friedrichs II.; weitere sollten folgen.

Anschließend zogen sich die Preußen nach Sachsen zurück. Ende Juni kamen lediglich knapp zwei Drittel der wenige Wochen zuvor in Böhmen einmarschierten preußischen Soldaten wieder nach Sachsen. Daun folgte den Preußen auf dem Fuß, marschierte in Sachsen sowie Schlesien ein und bezog nach der Eroberung Zittaus dort Stellung.

In Wien war die Begeisterung groß. Nach vielen Niederlagen war endlich der erste Sieg über die preußische Armee gelungen. Maria Theresia blickte hoffnungsvoll in die Zukunft. In Stralsund war ein schwedisches Armeekorps mit 20 000 Mann gelandet, und die russische Armee bereitete sich zur Offensive gegen Ostpreußen vor. Ferner war am 1. Mai 1757 ein Offensivbündnis mit Frankreich geschlossen worden.

In den langwierigen Verhandlungen waren die unterschiedlichen Vorstellungen beider Parteien aber offen hervorgetreten. Während Österreich französische Unterstützung bei einem Angriff auf Preußen erwartete, richtete sich das französische Interesse ausschließlich auf die

Die britische Niederlage bei Hastenbeck ermöglichte der französischen Armee die Eroberung des Kurfürstentums Hannover. Gemälde von Adolph Menzel (1815–1905)

Eroberung Hannovers, das als Faustpfand für zukünftige Friedensverhandlungen mit Großbritannien dienen sollte. Für Ludwig XV. und seine Berater war Preußen nur ein Nebenkriegsschauplatz. Daher stellte Frankreich nur ein kleineres Kontingent zur Unterstützung der Reichsarmee bei einem Angriff zur Befreiung Sachsens. Schon wenige Monate nach Kriegsbeginn zeigte sich, mit welchen Problemen die Koalitionskriegführung gegen Preußen von Anfang an belastet war. Letztlich führte jeder Staat seinen an den eigenen Interessen orientierten Krieg. Von einer strategisch einheitlichen Koalitionskriegführung der Bündnispartner konnte von Anfang an nicht die Rede sein.

In den nächsten Wochen häuften sich dennoch die Hiobsbotschaften für Friedrich II. Daun verharrte in seiner Defensivstellung bei Zittau, während österreichische Kontingente in Schlesien weiter vorrückten. Gleichzeitig stießen die Russen nach der Eroberung der preußischen Grenzfestung Memel am 18. August 1757 mit 100 000 Mann weiter nach Westen vor. Nicht nur im Osten und im Norden zog sich der Ring um Preußen immer enger. Am 26. Juli 1757 hatte eine französische Armee unter dem Kommando von Marschall Louis-César Le Tellier Herzog d'Estrées mit 74 000 Mann auf ihrem Vormarsch Richtung Hannover die Weser überschritten und die unter Führung des Herzogs von Cumberland zur Verteidigung aufmarschierte Armee aus Hannoveranern, Hessen und Braunschweigern bei Hastenbeck geschlagen. Daraufhin zog sich Cumberland an die Nordsee zurück und erklärte Anfang September 1757 in der Konvention von Zeven die Neutralität seiner Truppen. In der Folge besetzten die Franzosen das Kurfürstentum Hannover und hatten damit ihr wichtigstes Kriegsziel auf dem Kontinent erreicht.

Zwischenzeitlich hatte sich die etwa 30 000 Mann starke Reichsarmee gemeinsam mit einem französischen Armeekorps, 24 000 Mann unter Führung des Herzogs von Soubise, in Richtung Thüringen in Marsch gesetzt. Kurz darauf ereilte Friedrich die Nachricht von Cumberlands Neutralitätserklärung. Damit war der Weg für die Franzosen frei, nach Magdeburg zu marschieren oder sich mit den Schweden zu vereinigen. Wenige Tage zuvor hatte Friedrich II. zudem von der Niederlage der preußischen Truppen unter dem Kommando von Generalfeldmarschall Johann von Lehwaldt am 30. August 1757 bei Groß-Jägersdorf in Ostpreußen erfahren. Die von General Stepan Apraxin geführte russische Armee nutzte ihren Sieg jedoch nicht aus, sondern zog sich wegen Versorgungschwierigkeiten auf ihre Ausgangsstellung zurück. Auch Daun eilte von Sieg zu Sieg und zerschlug die preußischen Kräfte, sodass er einen Großteil Schlesiens in Besitz nahm.

Friedrich blieb in dieser verzweifelten Lage nur die Möglichkeit, auf der inneren Linie einen Gegner nach dem anderen anzugreifen, bevor diese sich vereinigen konnten. Den ersten Schlag führte er im Westen. Ende Oktober 1757 versammelte er 23 000 Mann im Raum Leipzig, um die mehr als doppelt so starken Kräfte der französischen und der Reichsarmee im Kampf zu stellen. Bei Roßbach kam es am 5. November 1757 zur Schlacht. Diese entschied an diesem Tag nicht die preußische Infanterie, sondern die von General Friedrich Wilhelm von Seydlitz geschickt geführte Kavallerie. Am Ende des Tages hatten die Preußen rund 550, ihre Gegner dagegen über 10 000 Mann, darunter 7000 Gefangene, verloren.

Der überwältigende Sieg von Roßbach brachte Friedrich II. im Reich große Popularität. Erstmals seit Jahrzehnten war das Frankreich Ludwigs XV. derart gedemütigt worden. Die Begeisterung schwappte bis nach Großbritannien und trug ihren Teil dazu bei, dass man in London die Konvention von Zeven aufkündigte und unter Führung des preußi-

Die Schlacht von Roßbach, 5. November 1757

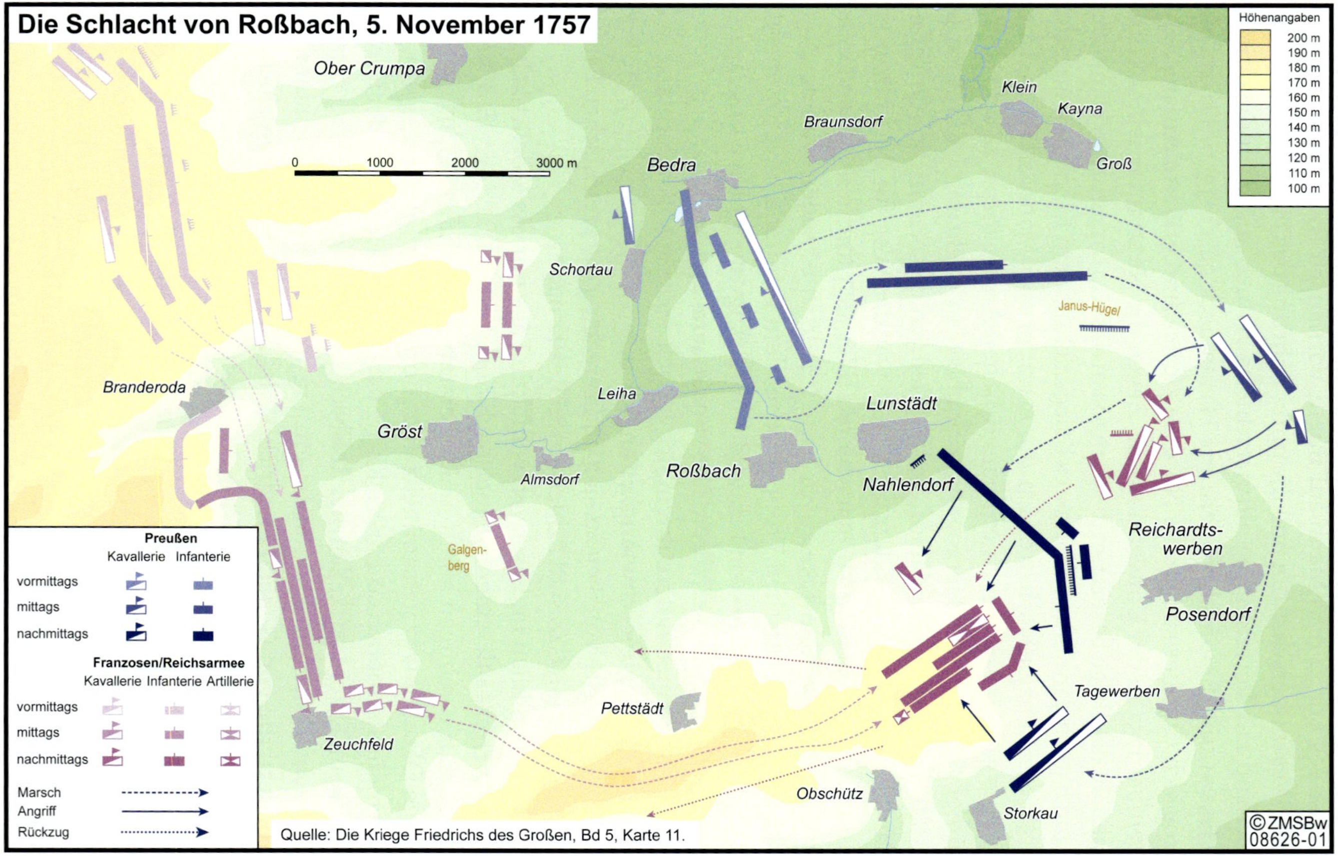

Quelle: Die Kriege Friedrichs des Großen, Bd 5, Karte 11.

Innere Linie ist ein Begriff aus der Operationsführung. Im Siebenjährigen Krieg operierte die preußische Armee auf der inneren Linie, da sie aufgrund der geografischen Lage Preußens zwischen den gegnerischen Parteien stand. Sie war daher in der Lage, Kräfte auf kurzen Wegen zusammenziehen und zu verlegen. Damit war eine schnelle Verlagerung des Schwerpunktes möglich. Die Armeen Frankreichs, Österreichs und Russlands operierten auf der äußeren Linie. Sie mussten bedeutend weitere Wege zurücklegen, um Schwerpunkte zu bilden.

schen Generals Ferdinand von Braunschweig eine Armee gegen die Franzosen aufstellte. Darin stellten hannoversche, nicht britische Regimenter das größte Kontigent. Weiterhin umfasste die Armee Kontingente aus Hessen-Kassel, Braunschweig-Wolfenbüttel, Preußen und Schaumburg-Lippe.

So bedeutsam Friedrichs II. Sieg bei Roßbach war, er löste nicht alle seine Probleme. Der Winter nahte, und in den vergangenen Wochen hatte sich in Schlesien das Blatt zu seinen Ungunsten gewendet. Am 7. September 1757 hatte der mit der dortigen Verteidigung beauftragte Herzog August Wilhelm von Braunschweig-Bevern in der Nähe von Görlitz eine schwere Niederlage erlitten und sich nach Breslau zurückgezogen. Die Österreicher nutzten ihren Sieg und begannen mit der Belagerung der für die Versorgung der preußischen Truppen in Schlesien längerfristig unverzichtbaren Festung Schweidnitz.

»Nichts war unter solchen Umständen kostbarer als Zeit. Kein Augenblick zu verlieren. Man musste die Österreicher um jeden Preis unverzüglich angreifen und aus Schlesien hinauswerfen oder sich für immer in den Verlust der Provinz fügen.« Mit diesen Worten brachte der preußische König den Ernst der Lage auf den Punkt, in der er sich trotz des grandiosen Sieges bei Roßbach befand. Friedrich II. nutzte den Vorteil der inneren Linie und brach am 12. November 1757 mit allen verfügbaren Truppen aus Leipzig nach Schlesien auf. Noch während der Eilmärsche seiner Armee nach Osten erreichten ihn neue schlechte Nachrichten.

Am 12. November 1757 hatten die Österreicher Schweidnitz im Sturm genommen und Unmengen an Kriegsgerät sowie eine Kriegskasse mit über 300 000 Talern erbeutet. Ferner gerieten 6000 preußische Soldaten in Kriegsgefangenschaft. Der Fall von Schweidnitz eröffnete den Österreichern die Chance, Breslau noch vor dem Eintreffen preußischer Entsatzkräfte zu erobern und dort Winterquartier zu beziehen. Am 22. November 1757 kam es vor den Toren Breslaus zur Schlacht, welche die Österreicher erneut für sich entschieden. Zwei Tage später kapitulierten die Preußen, und die Österreicher zogen in Breslau ein. Sie hatten es nun in der Hand, in Schlesien zu überwintern. Mittlerweile war Friedrich II. mit seiner Armee bis Parchwitz vorgerückt. Seine 35 000 Mann hatten dort mit 133 Schwadronen Kavallerie, 47,5 Bataillonen Infanterie und 172 Geschützen, davon 78 schweren, ein Lager bezogen.

Friedrich II. war der Ernst der Lage bewusst. In seiner berühmten Ansprache von Parchwitz am 3. Dezember 1757 packte er seine Kom-

mandeure bei ihrer Ehre und schwor sie auf die bevorstehende Schlacht ein. Was Friedrich II. zu diesem Zeitpunkt noch nicht wusste: Der österreichische Befehlshaber Karl von Lothringen hatte sich entschieden, die günstigen Verteidigungsstellungen in Breslau zu verlassen, um die Preußen mit einer siegreichen Schlacht endgültig aus Schlesien zu vertreiben. Am 4. Dezember 1757 setzte sich die österreichische Armee, insgesamt 65 000 Mann, mit 125 Schwadronen Kavallerie, 85 Bataillonen Infanterie sowie 170 Geschützen, davon 65 schweren, in Richtung Liegnitz in Marsch. Neben österreichischen standen unter anderem bayerische, sächsische und württembergische Regimenter unter dem Kommando des Schwagers von Maria Theresia.

Die Österreicher bezogen westlich von Leuthen eine ca. acht Kilometer breite Stellung. Der nördliche Flügel der Armee reichte bis

Auf Messers Schneide. Am Vorabend der Schlacht von Leuthen schwor Friedrich II. seine Offiziere auf die bevorstehende schwere Schlacht ein. Unvollendetes Gemälde von Adolph Menzel

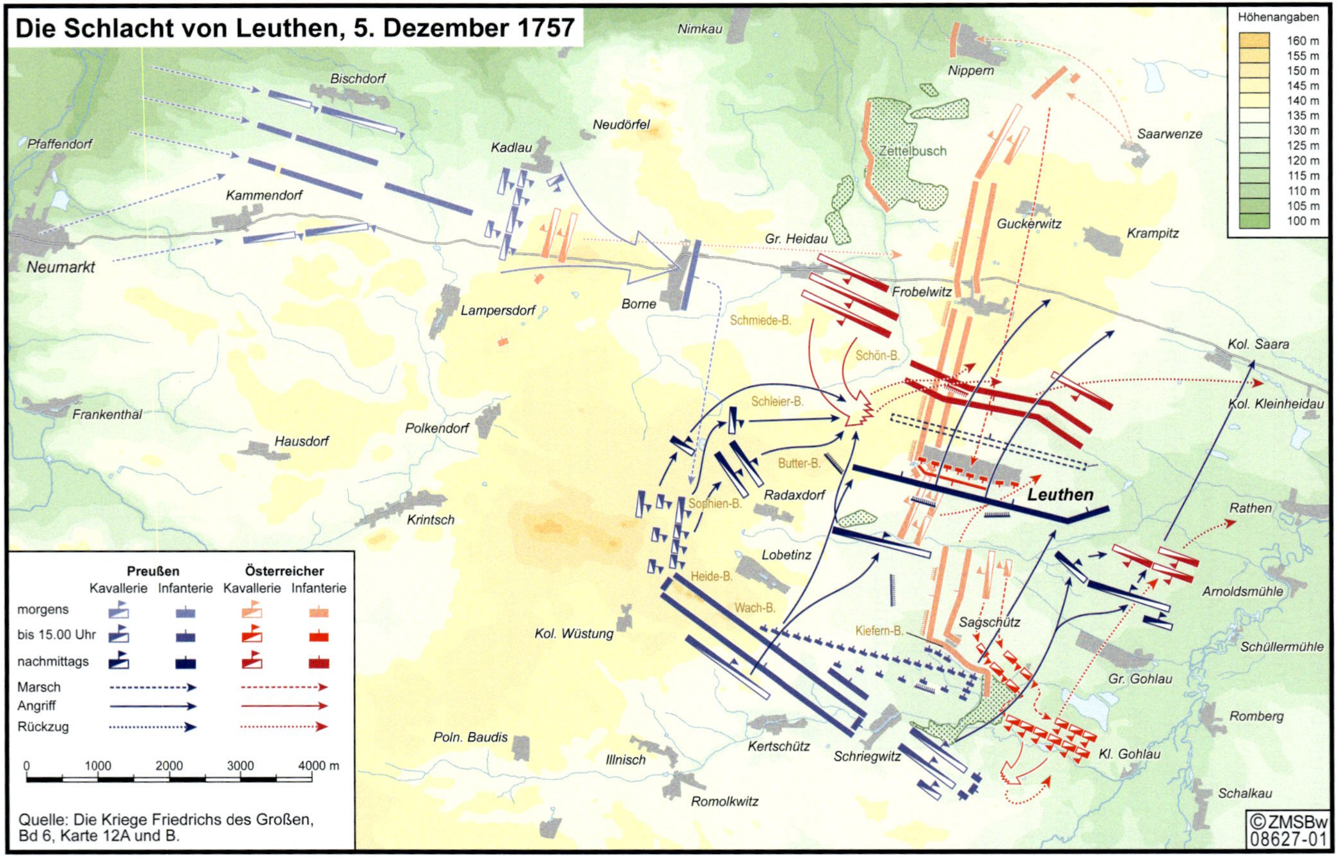
Die Schlacht von Leuthen, 5. Dezember 1757
Höhenangaben
160 m
155 m
150 m
145 m
140 m
135 m
130 m
125 m
120 m
115 m
110 m
105 m
100 m
Nimkau
Nippern
Bischdorf
Neudörfel
Pfaffendorf
Kadlau
Saarwenze
Zettelbusch
Kammendorf
Guckerwitz
Krampitz
Gr. Heidau
Neumarkt
Frobelwitz
Lampersdorf
Borne
Schmiede-B.
Schön-B.
Kol. Saara
Kol. Kleinheidau
Frankenthal
Schleier-B.
Polkendorf
Hausdorf
Butter-B.
Radaxdorf
Leuthen
Sophien-B.
Krintsch
Rathen
Lobetinz
Heide-B.
Arnoldsmühle
Wach-B.
Kol. Wüstung
Kiefern-B.
Sagschütz
Schüllermühle
Gr. Gohlau
Romberg
Poln. Baudis
Kertschütz
Schriegwitz
Kl. Gohlau
Illnisch
Romolkwitz
Schalkau
Preußen
Österreicher
Kavallerie
Infanterie
Kavallerie
Infanterie
morgens
bis 15.00 Uhr
nachmittags
Marsch
Angriff
Rückzug
0
1000
2000
3000
4000 m
Quelle: Die Kriege Friedrichs des Großen, Bd 6, Karte 12A und B.
©ZMSBw 08627-01

Nippern, der südliche endete südlich von Leuthen. Sowohl am rechten wie am linken Flügel stand rückwärts gestaffelt die österreichische Kavallerie. Während die preußische Armee bei leichtem Schneefall am frühen Morgen zur Schlacht aufmarschierte, erkundete Friedrich II. die gegnerischen Stellungen. Das Gelände kannte er von früheren Übungen sehr gut. Ein frontaler Angriff kam angesichts der gegnerischen Übermacht nicht in Frage. Ein Angriff auf die österreichische rechte Flanke verbot sich wegen der für den Angreifer ungünstigen Geländeverhältnisse. Friedrich II. entschloss sich daher zum Angriff auf die österreichische linke Flanke. Obwohl er wenige Monate zuvor mit dieser Taktik bei Kolin gescheitert war, plante er die österreichische Armee durch einen Flankenmarsch zu umgehen und mit der schiefen Schlachtordnung deren linken Flügel anzugreifen.

In den frühen Morgenstunden des 5. Dezember 1757 beobachtete Karl von Lothringen, wie die preußische Armee mit klingendem Spiel zum Angriff gegen seinen rechten Flügel vorging. Hinter der Vorhut marschierte die preußische Armee in vier Kolonnen auf. Der Schwager der Kaiserin Maria Theresia führte daraufhin seine Reserven an diesen vermeintlich bedrohten Abschnitt. Gegen 11 Uhr befahl Friedrich II. der Masse seiner treffenweise aufmarschierten Armee, in zwei Kolonnen scharf nach Süden abzuschwenken. Als sich der erste Pulverdampf gelegt hatte, bot sich dem österreichischen Befehlshaber daher ein unerwartetes Bild: Die preußische Armee marschierte vor seinen Augen nach Süden ab.

Von der Unangreifbarkeit seiner Stellung überzeugt und angesichts der nummerischen Überlegenheit seiner Truppen glaubte der österreichische Feldherr, sein Gegenüber bräche die Schlacht ab. Dies war ein folgenschwerer Irrtum. Der preußische König hatte ihn mit einem Scheinangriff getäuscht und zum frühzeitigen Einsatz seiner Reserven verleitet. Friedrichs Truppen zogen nämlich keineswegs ab, sondern marschierten, durch eine Hügelkette den Blicken ihres Gegners entzogen, gegen die linke Flanke der österreichischen Armee auf. Auf österreichischer Seite erkannte man die Bedrohung des eigenen linken Flügels aber nicht und versäumte es, rechtzeitig Reserven dorthin zu verlegen.

Durch seinen Flankenmarsch erreichte Friedrich II. wie geplant im Schwerpunkt des Angriffs die materielle und personelle Überlegenheit.

Dank der hervorragenden Ausbildung seiner Offiziere und Soldaten entwickelten sich die in Gefechtsformation aufmarschierten Kolonnen durch einen vom König befohlenen Linksschwenk in kürzester Zeit zu zwei hintereinanderstehenden Treffen.

Kurz vor 13 Uhr war der preußische Aufmarsch abgeschlossen. Die preußische Armee stand angriffsbereit südwestlich Leuthen in einem Winkel von etwa 45 Grad zum österreichischen linken Flügel. Den preußischen rechten Flügel deckte General Hans Joachim von Zietens, den linken General Georg Wilhelm von Driesens Kavallerie. Friedrich II. bezog Stellung auf dem Wachtelberg. Von dort führte er die Schlacht und befahl um 13 Uhr, als auch der preußische Artillerieaufmarsch abgeschlossen war, den Angriff. Die preußischen Bataillone rückten nun, um die schiefe Schlachtordnung einzunehmen, *en échelon* vor, also in Bataillonsstaffeln versetzt. Beginnend mit dem äußerst rechten Bataillon folgten alle anderen Bataillone erst dann, wenn das vor ihnen marschierende Bataillon 50 Meter vorgerückt war. So entstand die von Friedrich II. geplante schiefe Schlachtlinie, in der die Mitte und der linke Flügel der preußischen Armee rückwärts gestaffelt vorrückten.

Der preußische Aufmarsch war den Österreichern nicht verborgen geblieben. Der Kommandeur des österreichischen linken Flügels, General Franz Graf Nádasdy, suchte mehrfach um Verstärkung nach, wurde jedoch immer wieder abgewiesen. Erst als Nádasdys erste Verteidigungslinie durchbrochen war, schickte Karl von Lothringen Reserven an seinen linken Flügel und gruppierte seine immer noch in Front nach Westen aufgestellte Armee rückwärts schwenkend nach Süden um. Diese komplizierte Verschiebung war erst gegen 15:30 Uhr abgeschlossen. Zwischenzeitlich war ein Gegenangriff von Nádasdys Kavallerie in die preußische rechte Flanke von Ziethens Kavallerie blutig zurückgeschlagen worden.

Das Zentrum der österreichischen Verteidigungsstellung bildete Leuthen. Um 16 Uhr begann der preußische Angriff auf die kleine Ortschaft, geriet aber bald ins Stocken. Der hartnäckig von einem württembergischen Bataillon verteidigte Friedhof rückte nun ins Zentrum des Geschehens. Unterstützt durch heftiges Artilleriefeuer gelang es den Preußen schließlich, den Friedhof zu stürmen und die Verteidiger zurückzuwerfen. Die Schlacht stand auf Messers Schneide, denn den abgekämpften preußischen Bataillonen standen nun frische österreichische gegenüber. Angesichts dieser Lage befahl die österreichische Führung General Joseph Graf Lucchesi d'Averna mit seinen 70 Schwadronen, die vermeintlich ungeschützte linke preußische Flanke anzugreifen.

Darauf hatte der Führer des linken preußischen Kavallerieflügels Driesen nur gewartet. In einer für den Gegner nicht einsehbaren Bodensenke warteten 40 Schwadronen, mit denen er nun die ungedeckte linke Flanke des gegnerischen Kavallerieangriffes anfiel und die österreichische Kavallerie in die eigenen Infanterielinien drängte. Dem in dieses Chaos hinein durchgeführten preußischen Bajonettangriff hatten die österreichischen Truppen nichts mehr entgegenzusetzen. Die österreichische Armee zog sich, teilweise in völliger Auflösung, verfolgt von der preußischen Kavallerie Richtung Breslau zurück. Am Ende des Tages waren etwa 3000 Österreicher und Verbündete gefallen. Zudem waren 7000 Soldaten verwundet, 12 000 Österreicher ergaben sich den Preußen. Der Sieg hatte aber auch von den Preußen Opfer gefordert: 1175 Soldaten waren gefallen, 5043 verwundet.

Der preußische Sieg bei Leuthen hatte mehrere Gründe, zum einen die schlechte taktische Führung der Österreicher durch Karl von Lothringen, zum anderen das fast perfekte Zusammenwirken von Infanterie, Kavallerie und Artillerie auf preußischer Seite. Dazu kamen die gute Ausbildung sowie die trotz der widrigen Umstände ungebrochene Moral und Kampfkraft der preußischen Soldaten. Dies ermöglichte Friedrich II., unter perfekter Ausnutzung des Geländes die schiefe Schlachtordnung in der Schlacht von Leuthen erstmals lehrbuchgemäß umzusetzen. Leuthen war freilich Höhepunkt und Abgesang der schiefen Schlachtordnung zugleich. Denn im weiteren Kriegsverlauf vereitelten alle Gegner Friedrichs II. eine erneute erfolgreiche Anwendung dieser Taktik.

In den nächsten Wochen eroberte Friedrichs Armee Breslau zurück. Die Österreicher verließen geschlagen und demoralisiert Schlesien, und die preußische Armee konnte dort ihr Winterquartier beziehen. Geschlagen waren die Österreicher jedoch keineswegs. Der Sieg bei Leuthen hatte gewiss die militärische Lage Preußens stabilisiert, doch eine Entscheidungsschlacht war es nicht gewesen.

Für das mit Preußen verbündete Großbritannien hingegen war der Krieg nicht nur in Norddeutschland schlecht verlaufen. Auch in Nordamerika konnten die Briten keine Erfolge erzielen. Im Gegenteil: Im

Der Sieg in der Schlacht von Plassey sicherte den Briten den Zugriff auf die reiche Provinz Bengalen und legte den Grundstein für ihre zukünftige Herrschaft über den indischen Subkontinent. Gemälde von William Heath (1795–1840)

August 1757 kapitulierte nach kurzer Belagerung das am Lake George gelegene Fort William Henry. Der französische Sieg war auf lange Sicht ein Pyrrhussieg. Als die mit den Franzosen verbündeten Indigenen aus 33 verschiedenen Stämmen erkannten, dass der französische Befehlshaber ohne Absprache mit ihnen den Briten freien Abzug gewährte und sie damit sowohl auf Gefangene als auch auf Beute verzichten sollten, griffen sie die abrückenden Briten an. Viele der abziehenden Einwohner und Soldaten wurden ausgeplündert, getötet oder als Geiseln verschleppt. Überzeugt, von den Franzosen hintergangen worden zu sein, sagten sich die verärgerten Indigenen zudem von ihren französischen Verbündeten los. Das Vertrauensverhältnis war nachhaltig zerrüttet. Zudem führten die »Untaten der Wilden« in Großbritannien und in den nordamerikanischen Kolonien zu einer Welle der Empörung und einem gewaltigen Imageschaden für Frankreich.

In Indien konnten die Briten dagegen große Erfolge verbuchen. Clive gelang es nicht nur, Kalkutta zurückzuerobern, sondern auch in der Schlacht von Plassey am 23. Juni 1757 die Armee Siraj ud-Daulahs vernichtend zu schlagen. Damit sicherten sich die Briten den Zugriff auf die reiche Provinz Bengalen und legten den Grundstein für ihre zukünftige Herrschaft über den indischen Subkontinent. In Versailles entsandte man angesichts des britischen Erfolgs Thomas Arthur de Lally-Tollendal mit zwei Infanterieregimentern nach Indien.

Krieg an allen Fronten

Nachdem das Jahr 1757 mit dem Sieg in der Schlacht bei Leuthen für Friedrich II. ein gutes Ende gefunden hatte, begann das folgende Jahr für ihn zwiespältig. Völlig überraschend startete die russische Armee eine Winteroffensive und eroberte im Januar Ostpreußen, ohne auf größeren Widerstand zu stoßen. Optimistisch stimmten ihn dagegen die Erfolge Ferdinands von Braunschweig, der die Franzosen in ihren Winterlagern überfallen, Hannover zurückerobert und die Franzosen hinter den Rhein zurückgedrängt hatte. Zudem hatte sich Großbritan-

Die preußische Armee musste die Belagerung der strategisch wichtigen Festung Olmütz und damit die letzte Offensive auf habsburgischem Territorium abbrechen. Gemälde von Franz Paul Findenigg (1740–1792)

nien am 11. April 1758 vertraglich verpflichtet, eine Armee von etwa 50 000 Mann in Nordwestdeutschland aufzustellen und Preußen jährlich 670 000 Pfund Subsidien zu zahlen.

Der preußische König entschied sich im Frühjahr gegen die Rückeroberung Ostpreußens und für einen erneuten Angriff auf die Donaumonarchie. Sein Stoß zielte jedoch nicht auf Böhmen, sondern auf Mähren, wo er die Festung Olmütz erobern wollte. Im Besitz dieser nur vier Tagesmärsche von Wien entfernten Festung wollte Friedrich II. nicht nur die österreichischen Truppen vor Wien binden, sondern eine Vereinigung der russischen und österreichischen Armeen an der Oder verhindern. Sofort nach der Eroberung von Olmütz sollte eine weitere preußische Armee Böhmen und Prag besetzen. Friedrich II. war sicher, Maria Theresia werde im Angesicht dieser Niederlagen zum Frieden bereit sein. Er plante für die Operation zwei Monate ein. Die Zeit danach hielt er für ausreichend, um die erwartete russische Offensive zu stoppen.

Anfangs verlief die preußische Offensive auch nach Plan. Am 3. Mai 1758 stand Friedrich II. mit seiner Armee vor Olmütz und schloss die Festung ein. Es sollten aber noch zwei Wochen vergehen, bevor die preußische Artillerie vor Ort war und mit der Beschießung der Festung begann. Daun, der mittlerweile Prinz Karl von Lothringen als Oberbefehlshaber der Österreicher abgelöst hatte, bewies seine militärischen Fähigkeiten und unterbrach durch geschicktes Manövrieren die preußischen Versorgungswege. Als die Österreicher einen großen Nachschubtransport bei Domstadl eroberten, mussten die Preußen die Belagerung von Olmütz abbrechen und sich zurückziehen. Mit der Taktik des Kleinen Krieges und ohne eine große Schlacht zu schlagen, hatte Daun Friedrichs II. Strategie durchkreuzt. Der Angriff in Mähren war die letzte preußische Offensive auf habsburgisches Territorium.

Als Daun keine Anstalten machte, sich zur Schlacht zu stellen, wandte sich Friedrich II. der russischen Offensive zu. Während er gegen die Russen marschierte, folgte ihm Daun nur langsam nach Norden. Die ungeduldige Maria Theresia drängte Daun hingegen zur Eile und erklärte unmissverständlich, er solle zur Unterstützung der Russen eine Schlacht auch unter ungünstigen Voraussetzungen schlagen. Daun zögerte trotzdem, den Russen zur Hilfe zu eilen, zumal es keine klaren Absprachen unter den Verbündeten gab. Friedrich II. konnte daher ge-

Eine der blutigsten Schlachten des Krieges endete mit einem preußischen Sieg. Der russische Vormarsch auf Berlin wurde bei Zorndorf gestoppt. Gemälde von Albrecht Adam (1786–1862)

gen die Russen vorgehen, ohne von den Österreichern ernsthaft bedrängt zu werden.

Die Russen hatten zwischenzeitlich zwar einige Korps in Richtung ihres schwedischen Verbündeten vorgeschoben, verharrten aber mit der Hauptarmee an der Oder. Ohne ausdrücklichen Befehl aus Sankt Petersburg wollte der russische Befehlshaber, General Wilhelm von Fermor, nicht weiter auf Berlin vorstoßen, hatte ihm der Zar doch deutlich zu verstehen gegeben, er solle seine Armee unter allen Umständen schonen. Durch schnelles Manövrieren überraschte Friedrich II. Fermor. Am 25. August 1758 trafen bei Zorndorf 38 000 Preußen auf 45 000 Russen. Die preußischen Soldaten, aufgepeitscht durch Nachrichten über russische Gräueltaten und durch den Befehl ihres Königs, »kein Pardon« zu gewähren, kämpften mit äußerster Verbissenheit. Die russischen Soldaten standen ihnen in nichts nach, und die russische Infanterie erwies sich zum Erstaunen der Preußen als sehr standhaft. Letztlich entschied wie bei Roßbach die preußische Kavallerie die Schlacht. In einer der blutigsten Auseinandersetzungen des Krieges verloren die

Russen etwa 42, die Preußen 35 Prozent der eingesetzten Soldaten. Am Ende des Tages zog sich die russische Armee hinter die Weichsel zurück, und die Gefahr eines russischen Vormarsches auf Berlin war vorerst gebannt.

Während Friedrich II. einen, wenn auch teuer erkauften Sieg errang, erlitt sein Verbündeter in Nordamerika eine schwere Niederlage. Am 8. Juli 1758 versuchten die Briten mit 16 000 Mann das als »Gibraltar des Westens« bekannte Fort Ticonderoga zu stürmen, welches die strategisch wichtige Engstelle zwischen dem Lake Champlain und Lake George beherrschte; der Angriff endete in einem Desaster. Die 4000 französischen Verteidiger schossen die ohne Artillerievorbereitung über offenes Gelände angreifenden britischen Soldaten zusammen. Am Ende verloren die Briten in dieser blutigsten Schlacht des Krieges auf dem nordamerikanischen Kontinent über 2000 Mann und mussten sich zurückziehen.

Die durch eklatante Führungsmängel verursachte Niederlage konnten die Briten jedoch gut verkraften. Denn nach einer erfolgreichen Belagerung kapitulierte am 26. Juli 1758 die strategisch wichtige Festung

Die Eroberung der Festung Louisbourg öffnete den Briten das Tor nach Neufrankreich. Gemälde von Richard Paton (1717–1791)

Ferdinand von Braunschweig führte während des Krieges erfolgreich die Abwehrkämpfe gegen die französische Armee in Norddeutschland. Gemälde von Johann Georg Ziesenis (1716–1776)

Louisbourg. Damit war eine folgenschwere Entscheidung im Kampf um die Vorherrschaft in Nordamerika gefallen. Die Briten beherrschten nun uneingeschränkt die Seegebiete vor der amerikanischen Ostküste, und das Tor nach Kanada stand ihnen ebenfalls offen. Auch an Land gab es weitere Fortschritte. Ende August eroberten die Briten Fort Frontenac am Ontariosee, und Ende November 1758 rückten britische Truppen in das von den Franzosen aufgegebene Fort Duquesne am Ohio ein.

Auch in Europa ertönten britische Siegesfanfaren. Denn am 23. Juni 1758 schlug Ferdinand von Braunschweig eine deutlich überlegene französische Armee bei Krefeld. Den Erfolg konnte Großbritannien jedoch nicht ausnutzen, da ein französischer Vorstoß in Richtung Hannover es zum Abbruch der Operationen am Rhein und zur Umgruppierung der Armee zum Schutz Hannovers nach Osten zwang.

Friedrich II. verlegte seine Armee nach seinem Sieg bei Zorndorf in Eilmärschen nach Sachsen. Der eher zögerlich veranlagte Daun verharrte dort in einer gut befestigten Stellung südlich von Dresden. Friedrich II. versuchte in den nächsten Wochen erfolglos, die Versorgungslinien seines Gegners zu unterbrechen. Auf direkte Weisung aus Wien zog Daun mit seinen 78 000 Mann nach Osten, um wenigstens die Festung Neisse in Schlesien zu erobern. Friedrich II. folgte ihm mit seinen 40 000 Mann und bezog bei Hochkirch in unmittelbarer Nähe zu den Österreichern ein schlecht zu verteidigendes Lager. Der sonst so vorsichtige Daun erkannte die Chance, die ihm dieser Fehler des *roi connétable* bot, und griff die schlafenden Preußen in den frühen Morgenstunden des 14. Oktober 1758 völlig überraschend an.

Friedrich II. war mit der Entwicklung überfordert. Nur dank der Disziplin seiner Regimenter und der beherzten Führung seiner Offiziere gelang es, die Armee einigermaßen geordnet zurückzuziehen. Die Preußen verloren 9000 Soldaten und über 66 Geschütze. Seit Kriegsbeginn waren damit mehr als zwanzig Generale und fast die Hälfte des preußischen Offizierkorps gefallen – Verluste, die der aktiven Rolle der Offiziere im Gefecht geschuldet, aber kaum noch zu ersetzen waren. Friedrich II. musste sich der Tatsache stellen, dass er mit seiner fahrlässigen Entscheidung die Niederlage allein zu verantworten hatte. Die Österreicher nutzten den Sieg erneut nicht aus, denn Daun unterließ die Verfolgung und zog sich nach Böhmen ins Winterquartier zurück.

Die preußische Armee hatte dank hoher Marschleistungen und des Manövrierens auf der inneren Linie den Krieg noch nicht verloren, aber die gegnerische Koalition auch nicht gesprengt. Die hohen Verluste ließen zukünftig keine großen Offensiven mehr zu.

Am Ende des Jahres musste die antipreußische Koalition erkennen, dass sich die strategische Lage nicht zu ihren Gunsten entwickelt hatte. Friedrich II. war nicht geschlagen, sondern hatte seinen Herrschaftsraum behauptet. Frankreich dagegen hatte nicht nur Hannover, sondern daneben auch Louisbourg und andere wichtige strategische Positionen in Nordamerika verloren. Im Krieg in Übersee machte sich die maritime Überlegenheit der Briten nun deutlich bemerkbar. Großbritannien konnte mittlerweile 82 große und 24 kleinere Linienschiffe sowie über 100 Fregatten einsetzen. Frankreich dagegen verfügte nur noch über 25 einsatzbereite Linienschiffe. Der Seekrieg führte zum Zusammenbruch des französischen Überseehandels. Strategisch war Großbritannien mittlerweile eindeutig im Vorteil, zumal Pitt unfähige Generale und Admirale ablösen ließ.

Die britische Strategie geht auf

Während Friedrich II. in den nächsten Jahren nur noch die strategische Defensive und die Hoffnung auf einen Bruch der gegnerischen Koalition blieben, ging sein Verbündeter 1759 in die Offensive. Die Briten eroberten nicht nur Fort Ticonderoga, sondern auch Fort Niagara am Ontariosee. Am 4. Juni 1759 verließen 22 britische Linienschiffe und 115 Transportschiffe den Hafen von Louisbourg. Ihr Ziel war die Hauptstadt von La Nouvelle-France – Québec. Dort hatten die Franzosen mit ungefähr 10 000 Mann die Masse ihrer in Neufrankreich verfügbaren Kämpfer zusammengezogen, neben fünf regulären Regimentern und etwa 800 Indigenen waren das in erster Linie französische Milizionäre. Der französische Oberbefehlshaber Louis-Joseph de Montcalm lehnte einen Kleinkrieg gegen die angreifenden Briten ab. Er sah in der Verteidigung der auf einem Landvorsprung des nördlichen Ufers des St.-Lorenz-Stroms liegenden Stadt den Schlüssel zur Verteidigung von Neufrankreich.

Nachdem sie dank der nautischen Fähigkeiten des späteren Weltumseglers James Cook die schwierigen Gewässer des St.-Lorenz-Stroms

Mit dem britischen Sieg bei Québec war die Vorentscheidung im Kampf um Neufrankreichs gefallen. Zeitgenössisches Gemälde

Die Belagerung von Québec 1759

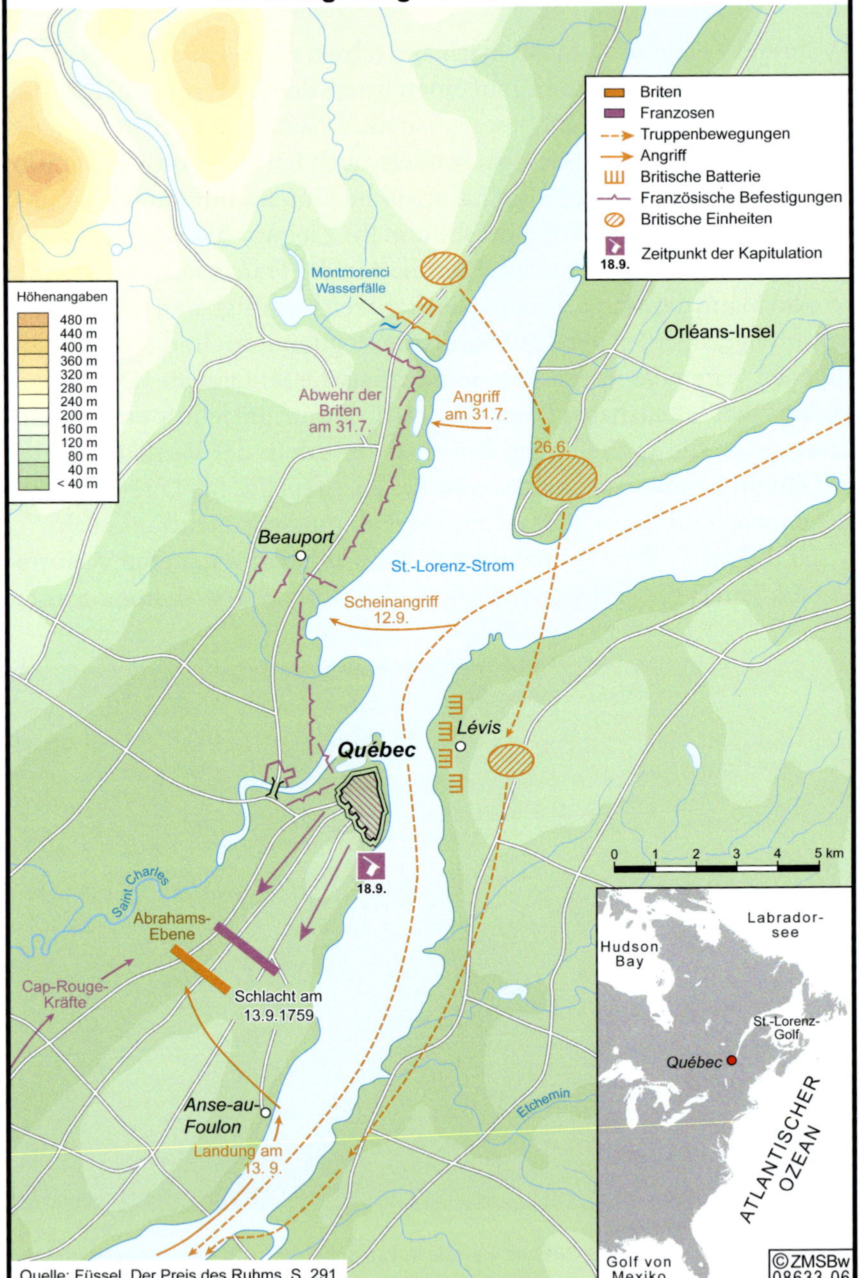

Quelle: Füssel, Der Preis des Ruhms, S. 291.

überwunden hatten, landeten am 26. Juni 1759 unter dem Kommando von James Wolfe 8500 Mann starke britische Linientruppen mit schwerer Artillerie und 500 amerikanische Kolonisten am Südufer des St.-Lorenz-Stroms. Wenige Tage später begann der Artilleriebeschuss der am Nordufer liegenden Stadt. Als die Verteidiger auch nach mehrwöchigem Dauerbeschuss und der Verwüstung des Umlandes nicht aufgaben und der Winter nahte, entschlossen sich die Briten, in der Nacht zum 13. September westlich der Stadt den St.-Lorenz-Strom zu überqueren. Das hochriskante Manöver gelang, und am frühen Morgen standen 4500 britische Soldaten auf dem Hochplateau Plaine d'Abraham westlich von Québec.

Um dessen gesamte Breite auszunutzen, ließ Wolf seine Truppen entgegen der taktischen Norm nicht in drei, sondern in zwei Gliedern aufmarschieren. Anstatt auf Verstärkung zu warten oder in der Festung auszuharren, entschloss sich Montcalm zur Attacke. Doch der unkoordinierte französische Angriff brach nach wenigen Salven der Briten zusammen, und die Franzosen flohen zurück in die Festung. Nach ein paar Minuten war die kürzeste Schlacht des Siebenjährigen Krieges zugunsten der Briten entschieden. Nur wenige Tage später, am 18. September, kapitulierte die Stadt. Auch wenn in der Erinnerungskultur die Schlacht von Plaine d'Abraham als Entscheidungsschlacht stilisiert wurde, war zwar das Schicksal Québecs, nicht jedoch das Neufrankreichs besiegelt – wenngleich eine Vorentscheidung gefallen war.

Nicht nur in Kanada, sondern auch in der Karibik gingen die Briten zum Angriff über. Laut Pitts strategischem Konzept waren die Westindischen Inseln, besonders Martinique, für Frankreichs Wirtschaft von zentraler Bedeutung. Daher befahl er schon vor Abschluss der Kämpfe in Nordamerika eine Offensive gegen die französischen Besitzungen in der Karibik. Ende Oktober verließ eine Flotte neuer Kriegsschiffe Portsmouth mit dem Ziel Martinique. Nachdem die Eroberung dieser Insel am hartnäckigen französischen Widerstand gescheitert war, eroberten die Briten im Februar 1759 stattdessen Guadeloupe. Bei dieser Operation verloren sie mehr Soldaten durch Tropenkrankheiten als durch Kämpfe. Wenige Wochen zuvor hatten die Briten zudem im zweiten Anlauf die Insel Gorée vor der westafrikanischen Küste eingenommen und sich den lukrativen Handel mit Gummi arabicum gesichert.

In Indien war Lally nach fast einjähriger Reise im April 1758 mit den französischen Verstärkungen angekommen, um die britische Präsenz in Indien zu beenden. Lally war den Briten mit seinen etwa 3000 regulären Infanteristen zwar fast um das Dreifache überlegen, jedoch mangelte es ihm an Geld und sonstigen Ressourcen. Lally ließ zudem jegliches Verständnis für die lokalen Gebräuche vermissen und brachte so nicht nur die indischen Fürsten, sondern auch die Bevölkerung gegen sich auf.

Dafür stand den Briten mit dem französischen Seebefehlshaber Anne Antoine d'Aché de Serquigny ein ausgewiesener Taktiker in den indischen Gewässern gegenüber. Sir George Pocock, seinem britischen Pendant, gelang es daher in mehreren Seeschlachten nicht, die fast gleichgroße französische Flotte entscheidend zu schlagen. Die Seegefechte vor Negapatam am 3. August 1758 und vor Pondicherry im September 1759 endeten taktisch unentschieden. In beiden Seeschlachten gaben die Franzosen auf und zogen sich zurück. Da d'Aché keinen Nachschub aus Frankreich erhielt und zwecks Instandsetzung seiner acht Linienschiffe immer zum 2000 Seemeilen entfernten Stützpunkt auf Mauritius zurückkehren musste, war er nicht in der Lage, die britische Seeherrschaft rund um den Subkontinent zu gefährden. Der britische Nachschub konnte daher fast unbedrängt nach Indien gelangen.

Aufgrund der britischen Seeherrschaft musste Lally im Februar 1759 die Belagerung von Madras nach schweren Verlusten abbrechen, da die Stadt von See aus mit Nachschub versorgt werden konnte. In den nächsten Monaten gelangen den Briten zwar weitere Geländegewinne – unter anderem eroberten sie im April die französische Festung Masulipatam –, den Krieg entschied das jedoch nicht. Die Landgewinne dienten nicht nur dazu, für einen eventuellen Friedensschluss in Europa die britische Verhandlungsposition zu verbessern, sie entzogen Lally auch wichtige finanzielle und wirtschaftliche Ressourcen.

In Hessen war der Herzog von Braunschweig am 13. April 1759 in der Nähe von Frankfurt von den Franzosen geschlagen worden und musste sich zurückziehen. In Nordwestdeutschland dagegen lief für die Briten alles nach Plan. Die Franzosen mussten aber die Gebiete am Niederrhein freigeben, weil sie ihre Kräfte unter dem Kommando von Marschall Louis de Contades im Raum Gießen zusammenzogen und nach Norden marschierten, um das angesichts der katastrophalen Lageentwicklung in den Kolonien umso wichtigere Faustpfand Hannover erneut zu erobern. Am 1. August 1759 kam es bei Minden zur Schlacht.

Der Sieg bei Minden ermöglichte Großbritannien, die britischen Kräfte auf den Kampf in Nordamerika, der Karibik, Indien und den Seekrieg zu konzentrieren.

Die 40 000 Mann starke Armee des Herzogs von Braunschweig schlug die französische Armee und ein mit ihr verbündetes sächsisches Kontingent, zusammen etwa 55 000 Mann, innerhalb weniger Stunden. Ferdinand von Braunschweig bewies damit, dass nicht nur Friedrich II., sondern auch sein Schwager das Feldherrenhandwerk beherrschte. Er band die gegnerischen Kräfte frontal und griff durch geschicktes Manövrieren deren Flanke an. Die neuartige Einteilung seiner Kontingente in Divisionen und der massierte Einsatz der Feldartillerie waren zukunftsweisend. Die geschlagenen Franzosen zogen sich an den Rhein zurück; ihr Plan, Hannover zu nehmen, war erneut gescheitert.

Der Sieg bei Minden brachte zwar keine Kriegsentscheidung. Er entlastete aber den preußischen Hauptkriegsschauplatz und ermöglichte etwas, das Großbritannien strategisch besonders wichtig war: die britischen Kräfte auf den Kampf in Nordamerika, der Karibik, Indien und den Seekrieg zu konzentrieren. Zu Ehren des Siegs bei Minden wird in den britischen Streitkräften noch heute der »Minden Day« begangen.

In Versailles setzte man nun alles auf eine Karte. Der französische Außenminister Étienne Graf von Stainville hatte im Herbst 1758 einen Stra-

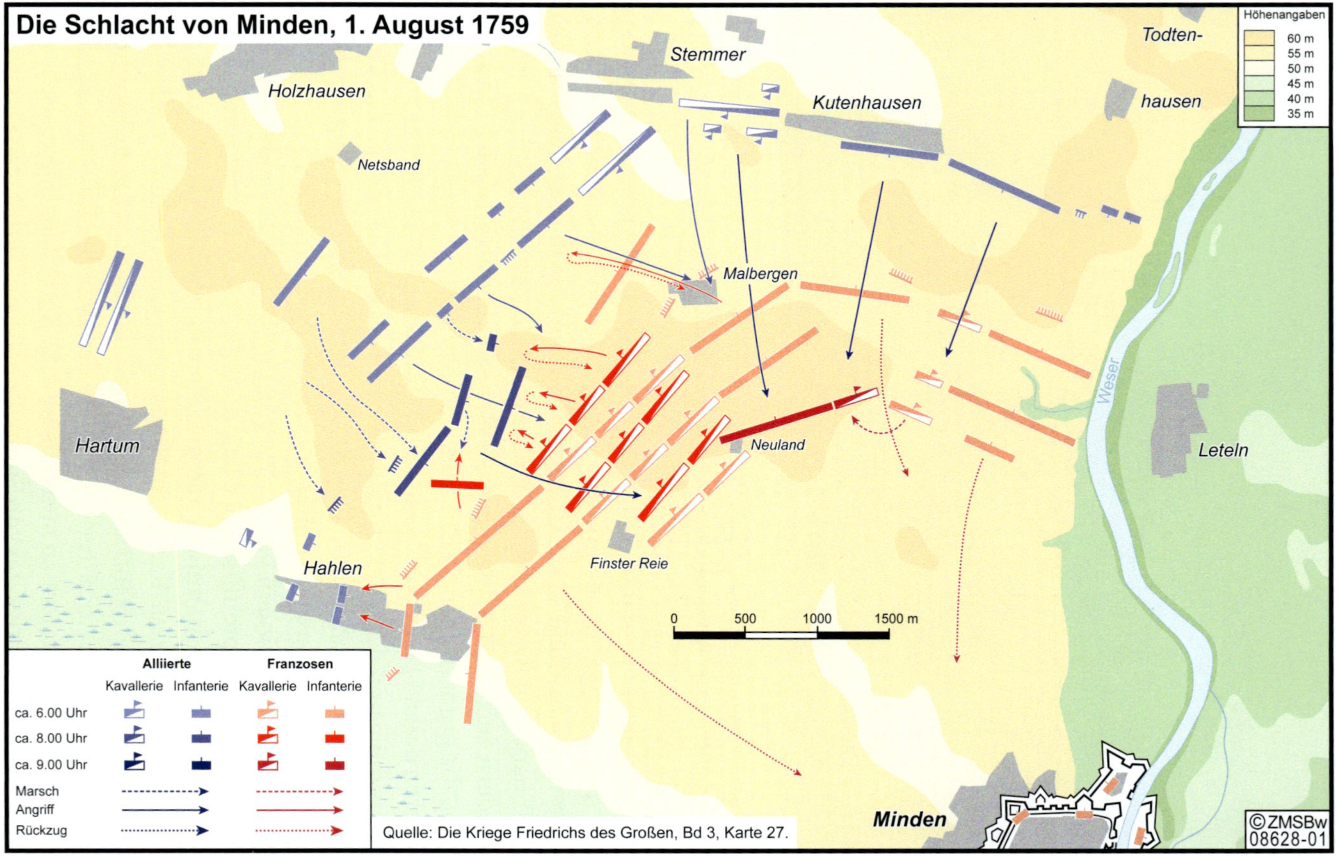

Quelle: Die Kriege Friedrichs des Großen, Bd 3, Karte 27.

tegiewechsel durchgesetzt. Großbritannien sollte mit einer Landung französischer Truppen auf den Britischen Inseln besiegt werden. Angesichts der deutlichen maritimen Überlegenheit der Royal Navy war dies ein – vorsichtig formuliert – sehr gewagter Plan. Im Zuge dessen hatte im Herbst 1758 der Bau von Landungsbooten begonnen, die eine Armee von 48 000 Mann nach Großbritannien übersetzen sollten. Das Vorhaben blieb der britischen Admiralität nicht verborgen, und sie verschärfte ab dem Frühjahr 1759 die Blockade der französischen Kriegshäfen.

Zur Unterstützung des geplanten Landungsunternehmens benötigte die französische Marine auch das in Toulon liegende Geschwader. Am 5. August 1759 nutzten die Franzosen eine Schwäche der britischen Blockadeflotte geschickt aus und liefen mit zwölf Linienschiffen aus Toulon aus. Am 18. August stellten die Briten das französische Geschwader vor der portugiesischen Küste bei Lagos zur Schlacht. Bis auf fünf Linienschiffe, die sich im spanischen Cádiz in Sicherheit bringen konnten, wurde das gesamte französische Mittelmeergeschwader vernichtet. Obwohl nach dieser Niederlage eine Landung in Großbritannien völlig unrealistisch war, hielt man in Versailles unbeirrt am ursprünglichen Plan fest und zog in der Bucht von Quiberon (Bretagne) 20 000 Mann zusammen, die nach Großbritannien übersetzen sollten. Die in Brest liegenden Geschwader unter dem Kommando von Admiral Hubert de Brienne, Graf von Conflans, sollten, sobald sich die britische Blockade durchbrechen ließ, nach Quiberon segeln und nach erfolgreicher Vereinigung mit den Landungsschiffen die Flotte zum Angriff auf die Britischen Inseln führen.

Am 9. November 1759 zwang ein schwerer Herbststurm mit orkanartigen Westwinden den Befehlshaber der britischen Flotte vor Brest, Admiral Edward Hawke, die Blockade des französischen Flottenstützpunktes Quiberon abzubrechen und in Torquay, einem Hafen an der englischen Südküste, Schutz zu suchen. Vor der Bucht von Quiberon verblieb unter dem Kommando von Kommodore Robert Duff lediglich ein Geschwader mit fünf Linienschiffen und neun Fregatten. Als am 14. November der Wind drehte, sah Conflans seine Chance gekommen und stieß mit 21 Linienschiffen und Fregatten in See, um sich in der Bucht von Quiberon mit den Transportschiffen zu vereinigen. Conflans selbst setzte seine Flagge auf der *Soleil Royal*, einem modernen Linienschiff mit 80 Kanonen.

Als Hawke vom Ausbruch der französischen Flotte und deren Kurs erfuhr, setzte er sofort die Segel mit Kurs auf Quiberon. Dorthin, vermutete Hawke, werde Conflans segeln. Wegen widriger Windverhältnisse büßte die französische Flotte in den kommenden Tagen ihren Vorsprung ein. Conflans war davon überzeugt, die britische Flotte sei noch weit entfernt. Also fuhr er, als er die Bucht von Quiberon am 19. November erreichte, nicht hinein, um sich mit der dort vor Anker liegenden Transportflotte zu vereinen, sondern versuchte, die nach Norden auf Hawke ausweichenden Teile von Duffs Geschwader zu vernichten. Dieser Fehler sollte ihn teuer zu stehen kommen. Für ihn völlig

Der britische Seesieg bei Lagos am 18. August 1759 verhinderte die Zusammenziehung der französischen Flotte in Brest. Gemälde von Thomas Luny (1759–1837)

unerwartet tauchten am frühen Morgen des 20. November am Horizont Segel auf: Hawke war eingetroffen. Zusammen mit den Schiffen Duffs verfügte Hawke nun über 27 Linienschiffe. Angesichts dieser Überzahl und seiner ungünstigen Position entschloss sich Conflans zum Rückzug in die Bucht von Quiberon.

Dorthin, so hoffte er, werde ihm sein Gegner angesichts des immer noch stürmischen Wetters sowie der vielen Riffe und kleinen Inseln im Fahrwasser nicht folgen. Erneut irrte Conflans. Hawke ignorierte die Bedenken seines Navigationsoffiziers und befahl mit dem Signal »Jagd frei« den Angriff. Damit hob er die klassische Gefechtsordnung auf und

Die Schlacht von Quiberon, 20. November 1759

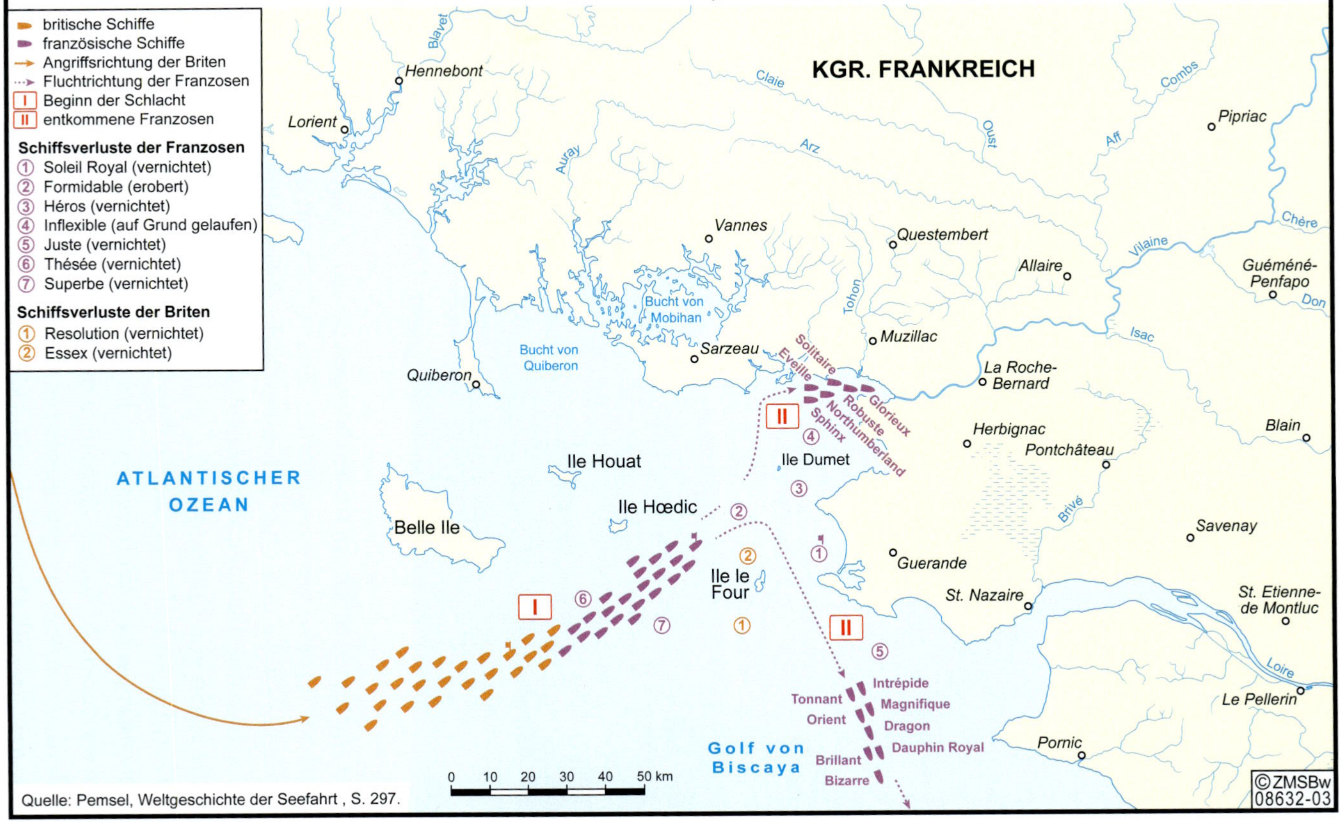

Quelle: Pemsel, Weltgeschichte der Seefahrt , S. 297.

befahl das Gefecht Schiff gegen Schiff, die sogenannte Mêlée. Gerade als die Spitzenschiffe der französischen Flotte die gefährliche Passage überwunden hatten und in das Zentrum der Bucht einliefen, erreichte die britische Vorhut unter vollen Segeln die französische Nachhut, begann diese zu überholen und eröffnete sofort das Feuer. Es kam zu unübersichtlichen Einzelgefechten auf stürmischer See, die die Briten fast alle für sich entschieden.

Gegen 16 Uhr war die französische Nachhut zerschlagen. Im Inneren der Bucht versuchte Conflans, gegen die unbeirrt nachdrängenden Briten eine Kiellinie zu formieren. Dies gelang wegen des starken Windes nicht. Bedrängt von den Briten und mit den widrigen Witterungsbedingungen kämpfend, verlor die französische Flotte den Zusammenhalt. Bei Einbruch der Nacht befahl Hawke, das Gefecht einzustellen und zu ankern.

Am nächsten Morgen erkannte Conflans, dass seine Schiffe in alle Winde verstreut waren. Die Schlacht war verloren. Lediglich acht seiner

Der britische Sieg in der Seeschlacht von Quiberon am 20. November 1759 sicherte über Jahrzehnte die britische Seeherrschaft und ermöglichte so die koloniale Expansion Großbritanniens. Zeitgenössisches Gemälde

Schiffe war es in der Nacht trotz stürmischer See und Untiefen gelungen, die offene See zu erreichen und sich nach Rochefort in Sicherheit zu bringen. Vier Linienschiffe und drei Fregatten hatten versucht, sich mit der Flut in die Vilainemündung zu retten. Obwohl die Besatzung ihre Ausrüstung und Kanonen über Bord warf, erlitten vier der Linienschiffe in den Untiefen Schiffbruch und mussten aufgegeben werden. Aufseiten der Briten lief die gegen die *Formidable* siegreiche *Resolution* in der Nacht auf Grund. Conflans selbst versuchte, verfolgt von der *Essex*, sich mit der *Soleil Royal* in den Schutz der Küstenbatterien von Croisc zurückzuziehen. Beide Schiffe liefen dabei ebenfalls auf Grund. Als die Besatzung von Bord gegangen war, ließ Conflans die *Soleil Royal* in Brand setzen. Die ebenfalls in den Untiefen gestrandete *Héros* setzten die Briten in Brand.

Insgesamt hatten die Franzosen sechs Linienschiffe mit etwa 2500 Mann verloren, und die Flotte war in alle Himmelsrichtungen verstreut. Die Briten beklagten dagegen nur den Verlust zweier gestrandeter Linienschiffe. Die französische Marine war entscheidend geschlagen, auch wenn in verschiedenen Häfen insgesamt noch 20 Linienschiffe lagen. Der Sieg bei Quiberon wurde ebenso wie der spätere bei Trafalgar 1805 taktisch mit der Mêlée erkämpft und zeitigte vergleichbare strategische Konsequenzen. Der Sieg sicherte auf Jahre die britische Seeherrschaft. In der Folge konnten die französischen Kolonien in Nordamerika, der Karibik und in Indien nicht mehr mit Nachschub versorgt werden; die Royal Navy hingegen konnte offensiv die dortigen Kämpfe unterstützen.

Derweil war es Friedrich II. in Sachsen und Schlesien gelungen, seine Verluste aus den bisherigen Schlachten wieder annähernd auszugleichen. Gleichwohl hatte die Armee sowohl materiell als auch personell deutlich an Qualität verloren. Die 128 000 Mann starke preußische Armee war nicht mehr das perfekte Instrument der ersten Kriegsjahre.

Da Friedrich II. den Schwerpunkt des gegnerischen Angriffs in Schlesien erwartete, teilte er seine Streitmacht auf. Die Verteidigung Sachsens überließ er seinem Bruder Heinrich. Er selbst wartete mit 44 000 Mann in Schlesien auf die nächsten Züge seiner Gegner, in der Hoffnung, ihre Vereinigung zu verhindern und sie getrennt voneinander zu schlagen. Die Kabinette in Wien und Sankt Petersburg hatten sich zu Jahresbeginn auf einen gemeinsamen Feldzugplan geeinigt. Ihre beiden

Armeen sollten sich bei Krossen an der Oder vereinigen und dann Friedrich II. zur Schlacht stellen. Trotz dieser Einigung ergriffen wie so oft weder die Russen, die sich seit 1758 in Ostpreußen festgesetzt hatten, noch die Österreicher die Initiative.

Daun rückte mit seinen fast 80 000 Mann erst in Richtung Lausitz vor, als er aus Wien ausdrücklich den Befehl dazu erhalten hatte. Er zögerte nicht zuletzt deshalb, weil die 60 000 Russen unter General Pjotr Saltykow nur langsam von der Weichsel nach Westen marschierten. Saltykow hatte zwar den Befehl, sich mit den Österreichern zu vereinigen und diese bei einem Angriff zu unterstützen, aber er sollte seine Armee unter keinen Umständen für österreichische Interessen gefährden oder sich gar seinem Verbündeten unterordnen. Das Misstrauen zwischen den Verbündeten war immer noch sehr groß.

Nachdem die Russen am 23. Juli 1759 bei Kay eine preußische Armee geschlagen hatten und vor Frankfurt/Oder standen, verließ der preußische König Schlesien und marschierte nach Norden. Daun blieb mit seiner Hauptmacht in Schlesien und sandte lediglich General Gideon Laudon mit 24 000 Mann zu Saltykow. Dieser war mit Dauns Verhalten hochgradig unzufrieden und verschanzte sich bei Kunersdorf. Zusammen mit Laudons Truppen verfügte er über 78 000 Mann und 423 Geschütze. Ihnen gegenüber stand die preußische Armee mit lediglich 49 500 Mann und 286 Geschützen.

Am 12. August 1759 traten die preußischen Regimenter zum Angriff an. Die Preußen erlitten eine vernichtende Niederlage, nicht zuletzt, weil Friedrich II. erneut das Gelände nicht richtig erkundet hatte, die Aufstellung der Russen missinterpretierte und die Schlacht nicht abbrach, als sich die Niederlage abzeichnete. Wie so oft ging Friedrich II. voll ins Risiko. Am Ende brach die preußische Armee völlig auseinander. 21 000 Preußen fielen oder wurden verwundet. Lediglich 18 000 preußische Soldaten konnten sich ans linke Oderufer retten. Die Niederlage war so katastrophal, dass Friedrich II. sich mit Selbstmordgedanken trug, da er den Krieg verloren glaubte.

Erneut aber nutzten die Verbündeten die strategische Chance, die ihnen der Sieg bot, nicht aus. Hochgradig verstimmt durch das zögerliche Verhalten Dauns verblieb Saltykow mit seiner Hauptmacht an der Oder und ließ lediglich leichte Truppen auf Berlin vorgehen. Diese zogen sich jedoch nach der Plünderung des Schlosses Charlottenburg wieder zu-

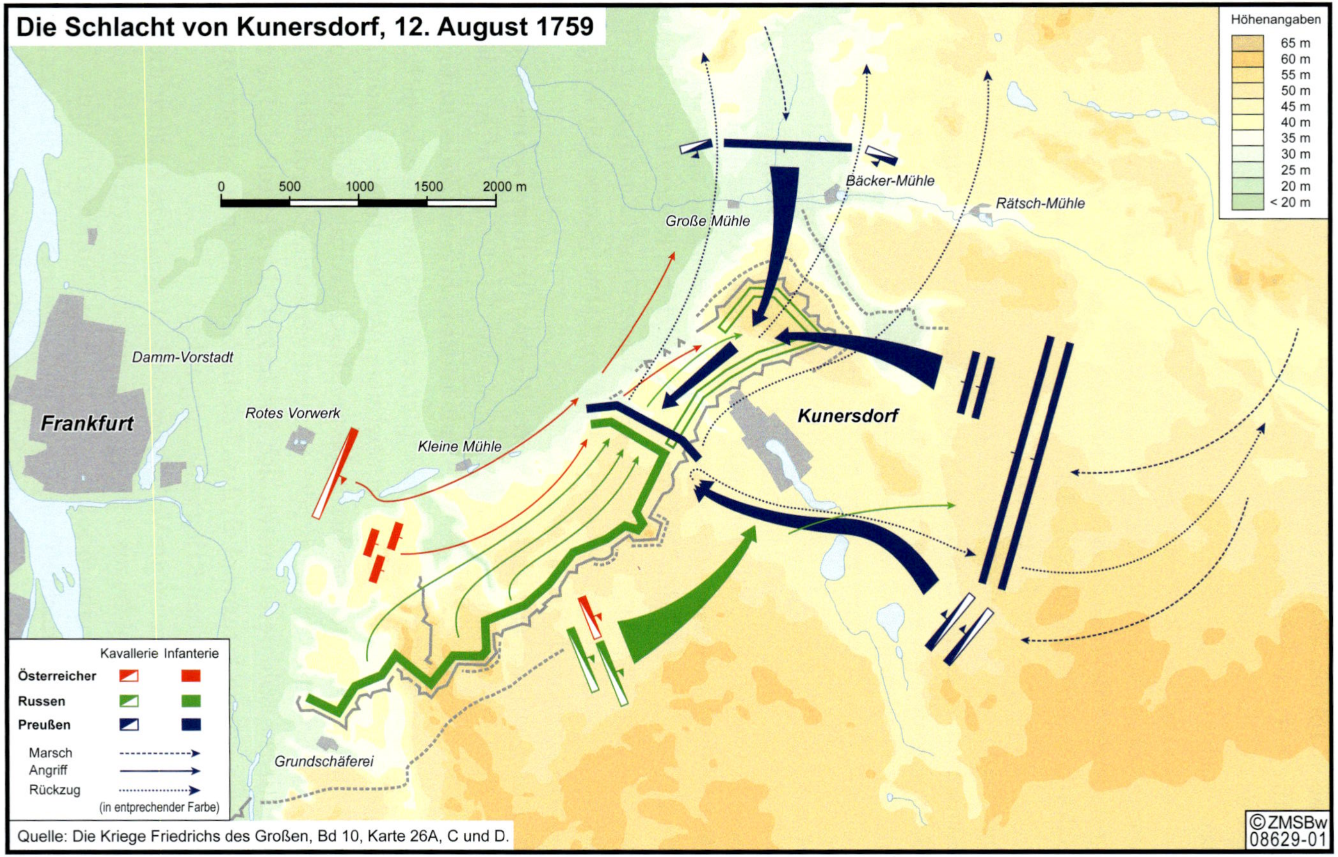

Die Schlacht von Kunersdorf, 12. August 1759
Höhenangaben
65 m
60 m
55 m
50 m
45 m
40 m
35 m
30 m
25 m
20 m
< 20 m
0
500
1000
1500
2000 m
Bäcker-Mühle
Rätsch-Mühle
Große Mühle
Damm-Vorstadt
Rotes Vorwerk
Frankfurt
Kleine Mühle
Kunersdorf
Grundschäferei
Kavallerie
Infanterie
Österreicher
Russen
Preußen
Marsch
Angriff
Rückzug
(in entprechender Farbe)
Quelle: Die Kriege Friedrichs des Großen, Bd 10, Karte 26A, C und D.
©ZMSBw
08629-01

rück. Nach Rücksprache mit der Hofburg in Wien und dem Zarenhof in Sankt Petersburg entschlossen sich Daun und Saltykow, die Eroberung Dresdens durch die Reichsarmee zu decken, um sodann in Schlesien Winterquartier zu beziehen. Friedrich II. bezeichnete dieses ihm völlig unverständliche Verhalten seiner Gegner als das »Mirakel des Hauses Brandenburg«.

Das zögerliche Agieren seiner Gegner ermöglichte es Friedrich II. seinerseits aktiv zu werden. Durch sein Taktieren verunsicherte er Daun, der sich nach Bautzen zurückzog. Völlig verärgert darüber ignorierte Saltykow alle österreichischen Bitten und befahl den Rückzug an die Weichsel. Daun bezog nun südlich von Dresden eine gut befestigte Abwehrstellung. Friedrich II., der Daun mit aller Gewalt aus Sachsen vertreiben wollte, befahl daraufhin Generalleutnant Friedrich von Finck, mit 15 000 Mann auf das Plateau von Maxen vorzurücken, um von dort die Nachschublinien Dauns zu bedrohen. Fincks Hinweis, sein Korps könne dort leicht eingekesselt werden, wies der König unwirsch zurück.

Finck behielt recht. Der sonst so zögerliche Daun ergriff dieses Mal die Gelegenheit und kesselte das zu weit vorgeschobene Armeekorps ein. Nach schweren Kämpfen kapitulierte Finck. Erstmals im Krieg hatte sich ein preußisches Korps ergeben. Acht Generale und rund 500 Offiziere gingen mit ihren Soldaten in Gefangenschaft. Vor allem die Gefangennahme von 25 Eskadronen Kavallerie war ein schwerer Verlust für die preußische Armee.

Insgesamt brachte das Jahr 1759 eine Vorentscheidung des Krieges. Die Briten erlebten ihr *annus mirabilis* (›Wunderjahr‹). Sie hatten endgültig die Seeherrschaft errungen und waren sowohl in Nordamerika als auch in Indien auf dem Vormarsch. Russland und Österreich waren aufgrund großer Koordinierungsprobleme und anhaltenden wechselseitigen Misstrauens nicht in der Lage gewesen, nach ihrem Sieg bei Kunersdorf den Krieg für sich zu entscheiden. Frankreich wiederum hatte an allen Fronten verloren und stand Anfang 1760 vor den Trümmern seiner Strategie.

Trotzdem scheiterten von Großbritannien und Preußen über die Niederlande vorsichtig vorgetragene Friedensvorschläge. In Versailles, Sankt Petersburg und Wien war man dazu nicht bereit. Im Gegenteil: Der Zarenhof und die Hofburg einigten sich erneut auf ein gemeinsames Vorgehen. Die Preußen dagegen hatten sich trotz schwerer Nie-

derlagen behauptet und kontrollierten Schlesien sowie große Teile Sachsens. Ihre Bemühungen, die Osmanen zu einem Bündnis gegen Österreich zu bewegen, blieben dagegen erfolglos. Würde Preußen ein weiteres Kriegsjahr durchstehen?

Um alles oder nichts

Friedrich II. konnte nur noch mit allergrößten Anstrengungen eine Armee von 110 000 Mann aufbieten. Während er mit der Hauptarmee bei Meißen verblieb, bezog sein Bruder Heinrich in Niederschlesien Stellung, um eine Vereinigung der russisch-österreichischen Verbände zu verhindern.

Die Verbündeten nutzten nach der preußischen Niederlage bei Kunersdorf am 12. August 1759 nicht die strategische Chance, Preußen durch eine konzentrierte Offensive entscheidend zu schlagen. Sie besetzten mit einer kleinen Kavallerieeinheit lediglich einige Tage Berlin. Gemälde von Alexander von Kotzebue (1815–1889)

Friedrich II. versuchte nun Dresden zurückzuerobern und bombardierte die Stadt. Als Daun ihr zu Hilfe eilte, beendete der preußische König die Belagerung und zog in Gewaltmärschen nach Schlesien, wo die Österreicher zwischenzeitlich die Festung Glatz im Sturm genommen hatten. Zudem marschierte eine russische Armee über die Oder nach Schlesien. Daun folgte Friedrich II. und stellte ihn bei Liegnitz am 15. August 1760 zur Schlacht. Trotz deutlicher Überlegenheit verloren die Österreicher nicht zuletzt infolge mangelnder Aufklärung die Schlacht. Der seit Monaten erste Schlachterfolg festigte die Moral der Preußen.

Die Verbündeten reagierten schnell und starteten Mitte September einen erfolgreichen Raid auf Berlin. Sie besetzten für mehrere Wochen die Hauptstadt, verlangten Kontributionen, zerstörten jedoch er-

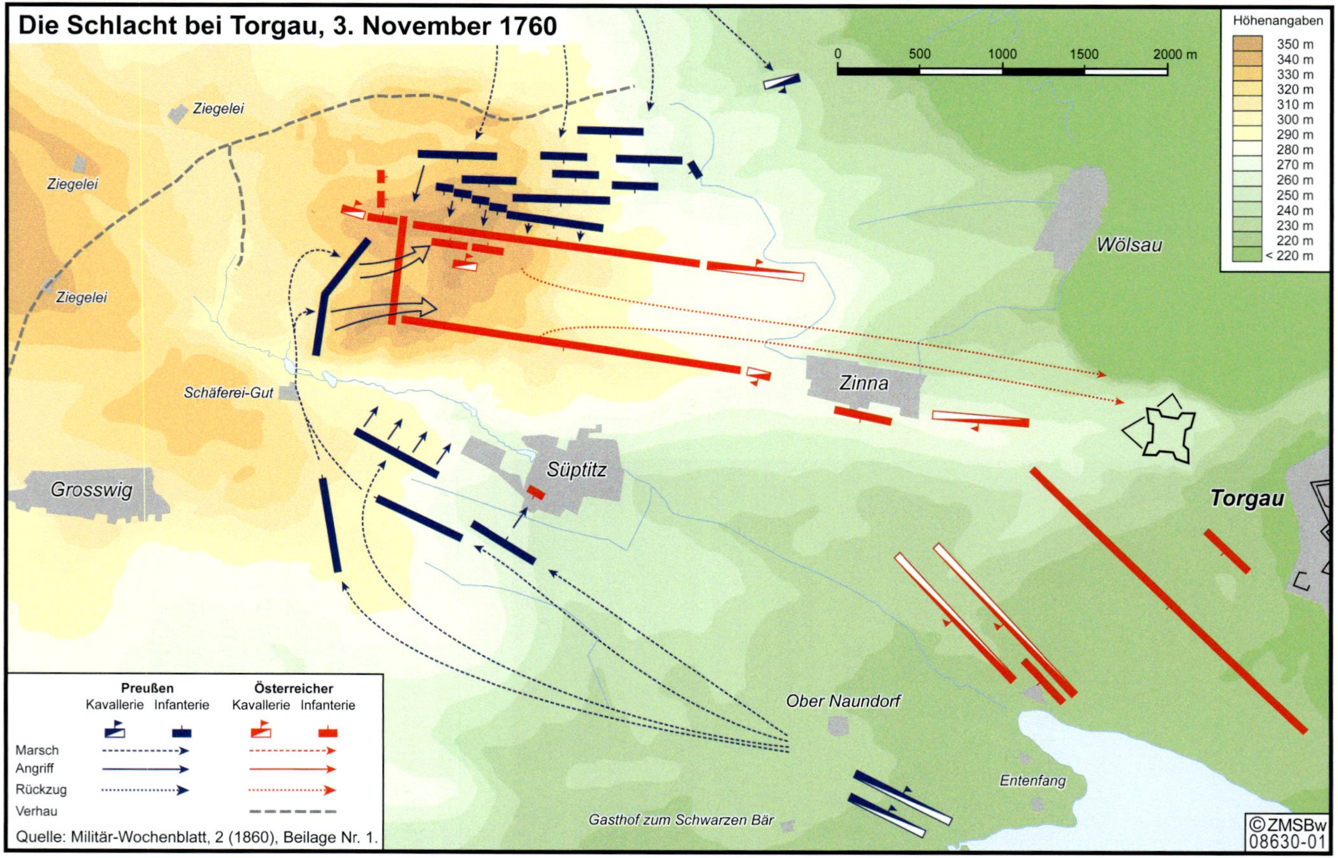
Die Schlacht bei Torgau, 3. November 1760
Höhenangaben
350 m
340 m
330 m
320 m
310 m
300 m
290 m
280 m
270 m
260 m
250 m
240 m
230 m
220 m
< 220 m
0
500
1000
1500
2000 m
Ziegelei
Ziegelei
Ziegelei
Wölsau
Zinna
Schäferei-Gut
Süptitz
Grosswig
Torgau
Ober Naundorf
Entenfang
Gasthof zum Schwarzen Bär
Preußen
Kavallerie Infanterie
Österreicher
Kavallerie Infanterie
Marsch
Angriff
Rückzug
Verhau
Quelle: Militär-Wochenblatt, 2 (1860), Beilage Nr. 1.
©ZMSBw
08630-01

staunlicherweise die kriegswichtigen Fabriken nicht nachhaltig. Die Reichsarmee nutzte die Gelegenheit und eroberte Leipzig sowie Wittenberg. Friedrich II. musste handeln, um die Kontrolle über das kriegswichtige Sachsen zurückzugewinnen. Bei Torgau kam es am 3. November 1760 gegen die Österreicher zu einer der blutigsten Schlachten des Krieges.

Beide Seiten waren sich der strategischen Auswirkungen einer Niederlage bewusst und kämpften mit äußerster Verbissenheit. Daun sah sich bereits am Ziel und schickte eine Siegesdepesche an Maria Theresia, bevor Friedrichs Reitergeneral Zieten das Blatt wendete. Am Ende behaupteten die Preußen das Schlachtfeld. Die Verluste auf beiden Seiten waren verheerend. Die Österreicher verloren mehr als 16 000 ihrer 55 000 Mann starken Armee, davon waren 2000 gefallen. Die preußischen Verluste von knapp 17 000 Mann, davon über 4500 Todesfälle, waren bei einer Gesamtstärke von über 52 000 Mann so schwer, dass Friedrich II. die Zahlen vor den Briten verheimlichte. Bei Torgau hatte Friedrich II. jedoch nur einen Pyrrhussieg errungen, denn mit den Resten seiner Armee war zukünftig kein offensives Vorgehen mehr möglich. Am Ende ging Daun auf seine Stellung bei Dresden zurück.

Für Großbritannien verlief das vierte Kriegsjahr deutlich besser. Der Fall von Québec hatte die strategische Position der Franzosen in Kanada dramatisch verschlechtert. Ohne Nachschub aus dem Mutterland war eine längere Kriegführung unmöglich. Nur durch die Rückeroberung von Québec konnte es den Franzosen gelingen, die St.-Lorenz-Mündung kurzzeitig für eventuellen Nachschub zu öffnen, um dann bis zu einem Friedensschluss auszuharren. Folgerichtig rückten sie Mitte April gegen die Stadt vor. Zwar besiegten die Franzosen am 20. April 1760 die dezimierten Briten vor Québec, mangels schwerer Belagerungsartillerie konnten sie die Stadt nicht erobern. Als britische Kriegsschiffe vor Québec erschienen, traten die Franzosen den Rückzug nach Montréal an. Die Briten wollten nun mit fast 18 000 Mann diese Stadt angreifen, doch kapitulierten die Franzosen am 8. September 1760 kampflos. Damit endete in Nordamerika der Krieg zwischen Frankreich und Großbritannien.

Nach der Niederlage in den Kolonien und der Vernichtung der französischen Flotte sahen Ludwig XV. und seine Berater ihre einzige Chance, den Krieg noch zu gewinnen, in einer Offensive gegen Hannover. Da

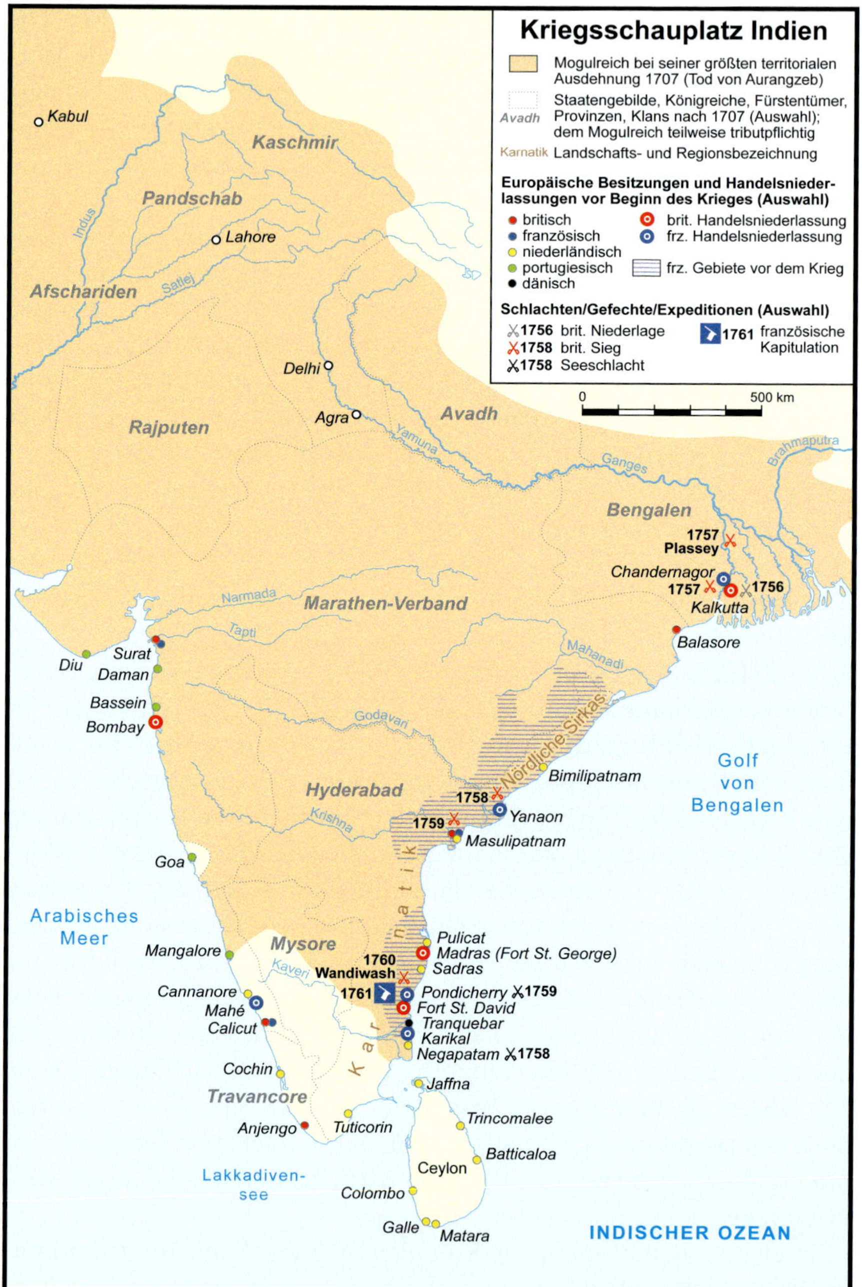

Quellen: Füssel, Der Preis des Ruhms, Eine Weltgeschichte des Siebenjährigen Krieges 1756-1763; Putzger, Atlas und Chronik zur Weltgeschichte, 2002; Ch. Joppen, Historical Atlas of India, 1907.

die Marinerüstung nach der Niederlage von Quiberon endete, konnten die französischen Truppen im Reich auf 130 000 Mann verstärkt werden. Davon standen 32 000 am Niederrhein, während die Hauptarmee sich im Raum Frankfurt sammelte. Der Herzog von Braunschweig hatte sich angesichts der französischen Übermacht die Genehmigung aus London eingeholt, in den folgenden Monaten defensiv zu operieren. Folgerichtig stellte er sich nicht zur Schlacht, sondern führte einen intensiven Kleinen Krieg.

Seine Armee konnte dem französischen Vormarsch anfangs nichts entgegensetzen. Am 31. Juli 1760 eroberten die Franzosen Kassel mit seinen wichtigen Magazinen und am 5. August 1760 Göttingen. Die Einnahme Hannovers schien in greifbarer Nähe, doch die durch den Kleinen Krieg zermürbten Franzosen stießen nicht weiter vor. In London erwartete man nun aber klare Siege. Daher entschloss sich der Herzog von Braunschweig, die strategisch wichtige Festung Wesel am Niederrhein anzugreifen, um so die französische Stellung am Rhein ins Wanken zu bringen und den Weg nach Belgien zu öffnen. Der Angriff scheiterte aber am Widerstand der Franzosen.

In Indien kämpften die Briten dagegen erfolgreich. Nach mehreren gewonnenen Seegefechten konnten sie ihre Kräfte substanziell verstärken. In Bengalen gelang es Clive, eine Offensive des Sohnes des Großmoguls zu stoppen. In der südindischen Karnatik gingen die Briten unter ihrem neuen Befehlshaber Eyre Coote zur Offensive über. Vor der von den Briten im November 1759 eroberten Festung Wandiwash kam es am 22. Januar 1760 zum entscheidenden Kampf. Im Vergleich zu den großen Schlachten in Europa während des Krieges war nur eine geringe Zahl an Kombattanten daran beteiligt. Die Franzosen unter Lally waren den Briten zahlenmäßig leicht überlegen: 5200 Mann, davon 1900 europäische Infanteristen und 3350 Sepoys (mit Musketen bewaffnete einheimische Soldaten) standen knapp über 6000 Mann auf britischer Seite gegenüber, davon 1500 europäische Soldaten, 1800 Sepoys und 3000 indische Verbündete. Die Briten errangen den Sieg über die aufgrund ihrer schlechten Bezahlung schon im Vorfeld demotivierten Truppen Lallys und eroberten die gesamte französische Artillerie. In der Folge drängten sie im Laufe des Jahres 1760 die Franzosen auf ihren Hauptstützpunkt Pondicherry zurück und belagerten die Stadt. Mit deren Kapitulation am 15. Januar 1761 endete der Krieg auf dem indischen Subkontinent.

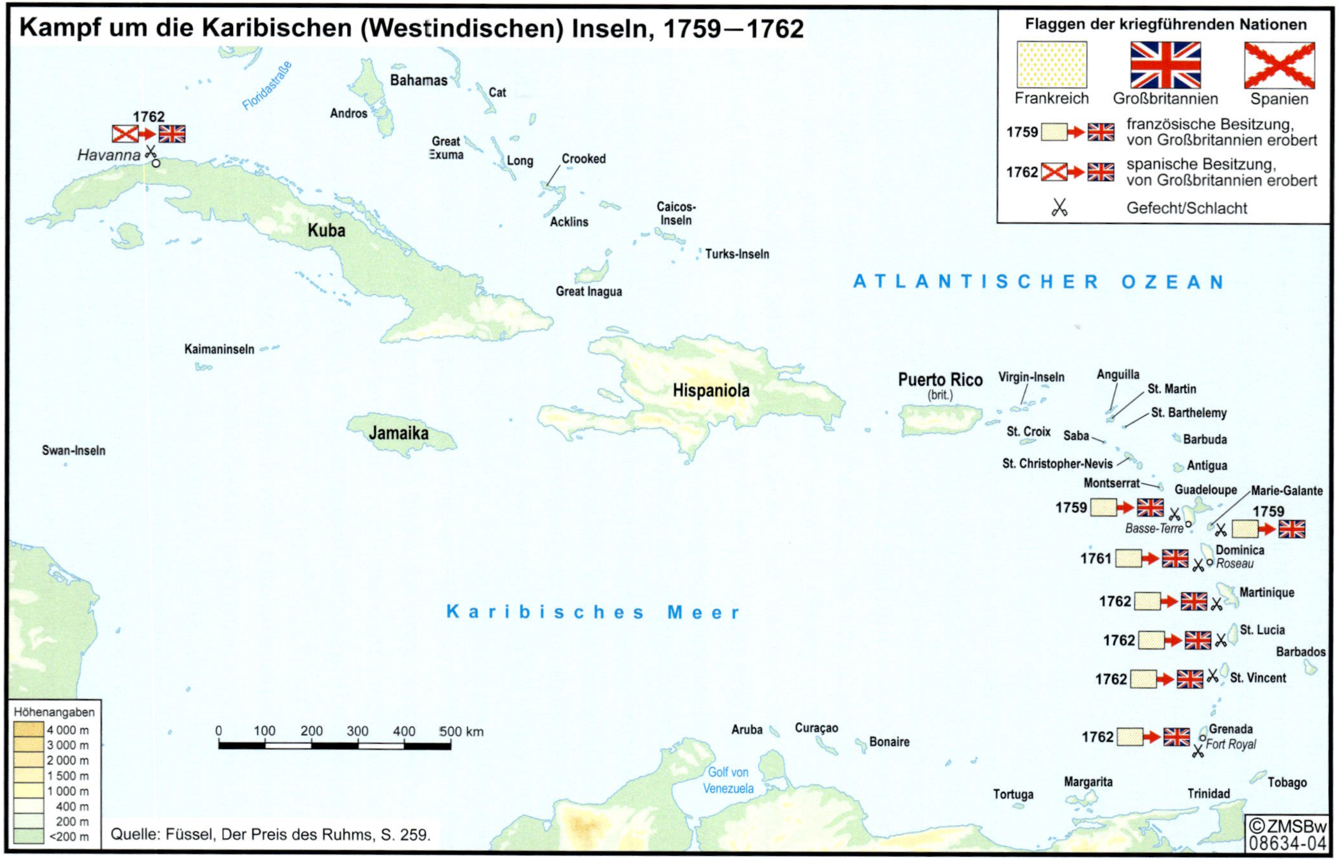

Quelle: Füssel, Der Preis des Ruhms, S. 259.

Auch in der Karibik verliefen die Kämpfe für die Briten erfolgreich. Im zweiten Anlauf gelang im Januar 1762 ohne nennenswerten französischen Widerstand die Eroberung Martiniques. In den folgenden Wochen folgten mit St. Lucia, Grenada und St. Vincent weitere Inseln des französischen Kolonialbesitzes in den Kleinen Antillen. Damit war das Herzstück des französischen Kolonialreiches in britischer Hand.

Pitts Strategie schien aufzugehen, doch wuchs in Großbritannien das Misstrauen gegenüber der Kriegführung des preußischen Verbündeten. Zudem starb mit Georg II. im Oktober 1760 ein wichtiger Befürworter des Kriegs auf dem Kontinent. Pitt brauchte dort Erfolge. Er befahl daher ein Landungsunternehmen gegen die Belle-Île vor der Bucht von Quiberon, um die Insel als Tauschobjekt für Friedensverhandlungen zu gewinnen. Nach anfänglichen Schwierigkeiten gelang es, die Insel im April 1761 zu erobern. In London hoffte man nun, besonders nach der Eroberung der für Frankreich so wichtigen Zuckerinseln in der Karibik, auf ein Friedensangebot von Ludwig XV.

In Versailles entschied man sich dagegen für einen Strategiewechsel im Kampf gegen den Herzog von Braunschweig. Die Franzosen verlegten den Schwerpunkt erneut an den Niederrhein. Die Uneinigkeit zwischen den französischen Befehlshabern nutzte Ferdinand aus und besiegte die deutlich überlegenen Franzosen am 15. Juli 1761 in der Schlacht von Vellinghausen. Um seinen strategischen Handlungsspielraum zu erweitern, erneuerte nun der französische Außenminister Étienne-François de Choiseul am 15. August 1761 den bourbonischen Hausvertrag mit Spanien. Beide Staaten sicherten einander Hilfe gegen Großbritannien zu. Dadurch hoffte Choiseul, Spanien zum Kriegseintritt gegen Großbritannien zu bewegen. Zu diesem Zweck schürte er in Madrid Ängste vor einer britischen Offensive gegen Florida und Mexiko.

Dem Ende entgegen

Für Preußen war die Lage zu Jahresbeginn 1761 ernst. Zwar konnte Friedrich II. erneut 110 000 Mann aufbieten und London hatte seine Subsidienzahlungen bewilligt, doch die preußische Armee war nicht mehr zu größeren Offensiven fähig. Friedrich II. setzte daher auf die bekannte zögerliche Kriegführung der Russen und Österreicher. Er mar-

Zar Peter III. (1728–1762), ein glühender Verehrer Friedrichs II., wechselte die Seiten und verbündete sich mit dem preußischen König. Zeitgenössisches Gemälde

schierte mit seiner Hauptarmee von 50 000 Mann wieder nach Schlesien, um eine Vereinigung der verbündeten Armeen zu verhindern. Da dies misslang, stand Friedrich II. nun einer Armee von über 130 000 Mann gegenüber. Er zog sich daraufhin Mitte August auf das nordwestlich der Festung Schweidnitz liegende Plateau von Bunzelwitz zurück, wo er Gräben ausheben und Palisaden errichten ließ. Die einander immer noch misstrauenden, mehr als doppelt so starken Verbündeten konnten sich wiederholt nicht auf einen Angriff auf das schwer befestigte Lager von Bunzelwitz einigen. Besonders der russische Befehlshaber, General Alexander Buturlin, brachte immer neue Ausflüchte vor einem Angriff hervor, da er fürchtete, dass erneut die russischen Soldaten die Hauptlast des Angriffes tragen würden. Vergeblich versuchte Laudon, ihn zum Angriff zu bewegen. Am 9. September 1761 rückte Buturlin in Richtung Weichsel ab. Friedrich II. marschierte daraufhin in Richtung Neisse, um Mähren zu bedrohen. Diese Chance nutzte Laudon und eroberte die strategisch wichtige Festung Schweidnitz Anfang Oktober im Sturm. Dank dieses Coups konnte Laudon sein Winterquartier in Schlesien beziehen.

Auch die Russen erzielten in den letzten Tagen des Jahres einen wichtigen Erfolg. Im dritten Anlauf eroberten sie am 16. Dezember die Festung Kolberg an der Ostsee. Sie konnten nun erstmals in Pommern Winterquartiere beziehen. Da die Verbündeten auch in Sachsen erfolgreich weiter vorgerückt waren, war die Machtbasis Friedrichs II. in den letzten Kriegsmonaten dramatisch geschrumpft. Am Ende des Jahres musste sich der preußische König eingestehen, dass der Krieg wahrscheinlich verloren war, zumal Großbritannien nach dem Rücktritt Pitts Anfang Oktober 1761 die Subsidienzahlungen an Preußen einstellte.

Doch der Tod der Zarin Elisabeth am 5. Januar 1762 änderte schlagartig die Lage. Ihr Neffe Carl Peter von Holstein-Gottorf bestieg als Peter III. den Zarenthron. Der glühende Bewunderer Friedrichs II. ließ sofort alle Kampfhandlungen einstellen und eröffnete Friedensverhandlungen. Am 5. Mai 1762 schlossen Preußen und Russland den Frieden von Sankt Petersburg. Russland gab alle Eroberungen an Preußen zurück. Als Folge des Bündniswechsels Russlands schied auch das kriegsmüde Schweden mit dem Frieden von Hamburg am 22. Mai 1762 aus dem Krieg aus.

Im Westen waren die Franzosen nach den Misserfolgen der letzten Kriegsjahre nicht zur Offensive angetreten, sondern verharrten in ihren Stellungen nördlich und östlich von Kassel. Dagegen eröffnete der Herzog von Braunschweig eine Offensive, in deren Folge Göttingen und am 8. November 1762 Kassel kapitulierten. Angesichts der zwischenzeitlich begonnenen Friedensverhandlungen kam es zu keinen größeren Kampfhandlungen mehr. Mit dem Waffenstillstand vom 15. November 1762

Die Eroberung Havannas zeigte, dass die Briten weltweit in der Lage waren, sowohl auf See als auch an Land erfolgreich zu operieren. Gemälde von Dominic Serres (1722–1793)

endete der Krieg in Nordwestdeutschland. In dessen Verlauf hatte der Herzog von Braunschweig sein militärisches Geschick immer wieder unter Beweis gestellt und mit seiner unterlegenen Armee in fünf Feldzügen das Kernstück der französischen Strategie, die Eroberung Hannovers als Faustpfand, erfolgreich vereitelt.

In Wien stand Kaunitz vor den Trümmern seiner Bündnispolitik, zumal das finanziell ausgeblutete Habsburgerreich im Frühjahr seine Armee aus Geldmangel reduzieren musste. Friedrich II. nutzte die Gunst der Stunde und schritt, unterstützt durch ein russisches Korps, zur Rückeroberung von Sachsen und Schlesien. Südwestlich der Festung Schweidnitz, die die Österreicher unter allen Umständen als Faustpfand für anstehende Friedensverhandlungen halten wollten, kam es bei Burkersdorf am 21. Juli 1762 zur Schlacht, aus der die Preußen siegreich hervorgingen. Zwischenzeitlich hatte allerdings Zarin Katharina nach einer Palastrevolution und der Ermordung ihres Mannes den Zarenthron übernommen. Sie hatte das Offensivbündnis mit Preußen aufgekündigt

und den Rückzug der russischen Armee befohlen. Sofort nach dem Sieg begann Friedrich II. mit der Belagerung der Festung Schweidnitz, die erst nach fast drei Monaten am 9. Oktober 1762 kapitulierte. Faktisch war Schlesien damit wieder unter Kontrolle der preußischen Armee. In Sachsen dagegen behaupteten die Österreicher weiterhin ihre Stellungen um Dresden. Zu weiteren Kämpfen kam es nicht. Am 24. November 1762 unterzeichneten Preußen und Österreich einen Waffenstillstand.

Während in Mitteleuropa die Kämpfe im Verlauf des Jahres 1762 abgeflaut waren, hatten sie auf der Iberischen Halbinsel, auf den Philippinen und auf Kuba erst begonnen. Am 4. Januar 1762 erklärte Großbritannien Spanien den Krieg, nachdem zuvor in spanischen Häfen liegende britische Handelsschiffe beschlagnahmt worden waren. Indem nun auch das spanische Kolonialreich in Süd- und Mittelamerika und in Asien zum Kriegsgebiet wurde, erhielt der Krieg eine weitere globale Dimension.

Großbritannien entsandte nach der Kriegserklärung sofort Truppen in das verbündete Portugal, um das Land im Fall eines spanischen Angriffs zu unterstützen. Da die Portugiesen über keinen geeigneten Oberbefehlshaber verfügten und Spanien durch die Ernennung eines britischen Offiziers nicht provozieren wollten, ernannte der portugiesische König Wilhelm Graf von Schaumburg-Lippe zum Oberbefehlshaber seiner schlecht ausgerüsteten Armee. Im Mai begann die erwartete spanische Offensive. Im nun begonnenen »Phantastischen Krieg« zielte die spanische Strategie auf die Eroberung von Lissabon und Porto. Trotz mehrerer Offensiven scheiterten aber alle Angriffe einerseits an den schwierigen Straßenverhältnissen in Portugal und an der desaströsen Versorgungslage der spanischen Truppen, andererseits an der sehr geschickt angewandten Manöverstrategie des Grafen von Schaumburg-Lippe und dem erfolgreichen Kleinen Krieg portugiesischer Bauern. Bis zum Kriegsende gelang es dem Grafen, die Pattsituation aufrechtzuerhalten, indem er glänzend seine Truppen manövrierte und jede größere Schlacht erfolgreich vermied.

Nicht nur unterstützte Großbritannien Portugal, es startete auch zwei logistisch fordernde große Landungsoperationen gegen Havanna auf Kuba und gegen Manila auf den Philippinen. Beide Operationen waren nur deshalb möglich, weil die britische der spanischen Flotte deutlich überlegen war. Trotz großer Schwierigkeiten gelang es schließlich, beide Städte zu erobern: Am 11. August 1762 kapitulierte Havanna und am 6. Oktober 1762 Manila. Mit diesen Operationen hatten die Briten bewiesen, dass sie uneingeschränkt weltweit operieren konnten. Parallel dazu begannen Franzosen und Briten, nach Friedenslösungen zu suchen.

Aber nicht überall waren die Briten und ihre portugiesischen Verbündeten erfolgreich. Beispielsweise scheiterte in Nicaragua ein britischer Angriff auf die spanische Festung Immaculata Concepción. Nicht nur in Mittelamerika, auch in Südamerika errangen die Spanier Erfolge. Sie eroberten die portugiesische Stadt Colonia del Sacramento, im heutigen Uruguay gelegen. Neben einer Kriegsbeute im Wert von 4 Millionen Pfund fielen ihnen dabei 26 britische Schiffe in die Hände.

↗ Mit dem Friedensvertrag von Paris am 10. Februar 1763 endete der Krieg zwischen Großbritannien und Frankreich. Frankreich verlor einen großen Teil seines Kolonialreiches. Zeitgenössische Grafik

Zwei Kriege – zwei Frieden

Versailles hatte schon nach den Niederlagen der Jahre 1759 erste Friedenssignale nach London gesendet, die jedoch Pitt angesichts der britischen Erfolge der letzten Monate zurückgewiesen hatte. Auch in den folgenden Jahren kam es immer wieder von den verschiedenen Kriegsparteien zu erfolglosen Friedensbemühungen. Trotz der großen Erfolge in Übersee griff auch in Großbritannien in den nächsten Jahren die Kriegsmüdigkeit um sich, nicht zuletzt wegen der enorm angewachsenen Kosten. Ende 1762 begannen Frankreich und Großbritannien schließlich ernsthafte Verhandlungen und schlossen am 10. Februar 1763 zusammen mit Portugal sowie Spanien den Friedensvertrag von Paris.

Frankreich verlor praktisch seine gesamten Kolonien in Nordamerika an Großbritannien, bis auf die Fischereirechte vor Neufundland nebst den Inseln St.-Pierre und Miquelon als dazugehörige Stützpunkte. Da Spanien Florida an Großbritannien abgeben musste, trat Frankreich als Ausgleich Louisiana westlich des Mississippi an Spanien ab. In der Karibik erhielt Frankreich die meisten seiner von Großbritannien eroberten

Im Frieden von Hubertusburg vom 15. Februar 1763 verzichtete Österreich auf jegliche Besitzansprüche in Schlesien. Preußen etablierte sich endgültig als europäische Großmacht. Stich von Johann David Schleuen (1711–1771)

Inseln zurück. Dagegen fielen Grenada, St. Vincent, Dominica und Tobago ebenso an Großbritannien wie der Senegal. Auf dem indischen Subkontinent stellten die Vertragsparteien die territorialen Verhältnisse von vor 1749 wieder her. Während Ludwig XV. und seine Berater trotz der letztlich desaströsen Niederlage mit den Friedensbedingungen sehr zufrieden waren, warfen der Anfang Oktober 1761 wegen Differenzen über die weitere Kriegführung aus dem britischen Kabinett zurückgetretene Pitt und seine Anhänger der britischen Regierung vor, den teuer erkauften Sieg durch zu viele Zusagen an Frankreich verschenkt zu haben.

Österreich, Sachsen und Preußen schlossen nur wenige Tage nach dem Abkommen von Paris, am 15. Februar 1763, den Friedensvertrag von Hubertusburg. In zähen Verhandlungen setzte sich Friedrich II. mit fast allen seinen Forderungen durch. Sachsen verzichtete auf jegliche Schadensersatzforderungen, und Österreich bestätigte den preußischen territorialen Besitzstand vor dem Krieg. Als einziges Zugeständnis versprach Friedrich II., dass er der Wahl von Erzherzog Joseph, dem ältesten Sohn Maria Theresias, zum deutschen König und damit zum designierten Kaiser des Reiches zustimmen werde. Während Maria Theresia mit dem Frieden von Hubertusburg endgültig auf Schlesien verzichtete und damit eine klare Niederlage erlitten hatte, war Friedrich mit den ausgehandelten Bedingungen mehr als zufrieden. »Es sei doch ein gutes Ding um den erreichten Frieden«, verriet er einem seiner Vertrauten, »aber man müsse sich das nicht anmerken lassen.«

In Nordamerika endete der Siebenjährige Krieg nicht mit dem Friedensschluss von Paris, in dem die europäischen Mächte über die Köpfe der Indigenen hinweg völkerrechtliche und besitzrechtliche Fakten schufen. Seit dem Ende der Kampfhandlungen zwischen Briten und Franzosen waren immer mehr Siedler gegen den Willen der Indigenen in die Gebiete westlich der Appalachen vorgedrungen. In der Folge kam es unter Führung eines Häuptlings der Ottawa zum Aufstand mehrerer Stämme der Indigenen. Um den Konflikt zu entschärfen, legte die britische Krone in einer königlichen Proklamation vom 7. Oktober 1763 eine, wenn auch nur temporäre, Grenzlinie entlang der Wasserscheide der Appalachen fest, welche das indigene vom europäischen Land trennte. Sie verbot Siedlern die dauerhafte Siedlung in dem als Indian Reserve bezeichneten Gebiet und sicherte der britischen Krone das alleinige Recht auf den Landzukauf im Territorium der Indigenen. Die Kämpfe gingen jedoch mit unterschiedlicher Intensität weiter. Erst 1767 kam es zu einem Friedensvertrag mit den *Six Indian Nations* und anderen Stämmen, der den die Indigenen betreffenden Passus des Pariser Friedensvertrages in ihrem Sinne revidierte.

↗ Nach der siegreichen Schlacht von Leuthen sangen die preußischen Soldaten den Choral »Nun danket alle Gott«. Gemälde von Wilhelm Camphausen (1818–1885)

Der Mythos Leuthen

Für die Zeitgenossen Friedrichs II. überstrahlte der Sieg bei Roßbach den wenige Wochen später erkämpften Erfolg bei Leuthen deutlich, war doch in jener Schlacht erstmals eine französische Armee so eindeutig von einem deutschen Fürsten geschlagen worden. Roßbach stand für das erwachende deutsche Nationalbewusstsein. Leuthen dagegen war lediglich einer der vielen Siege gegen die Österreicher, bei dem anfangs noch nicht einmal klar war, ob die Schlacht nach der umkämpften Ortschaft Leuthen oder dem nahegelegenen Schloss Lissa benannt werden sollte. Erst mit der Niederlage der friderizianischen Armee in der nicht weit von Roßbach entfernten Doppelschlacht von Jena und Auerstedt am 14. Oktober 1806 verlor Roßbach den Vorbildcharakter für die preußische Armee. Dagegen rückte der Kampf gegen einen übermächtigen Gegner, der bei Leuthen in den Augen vieler Zeitgenossen auch dank der Gottesfurcht der preußischen Soldaten besiegt worden war, in den Vordergrund. Der am Ende der Schlacht gesungene Choral »Nun danket alle Gott« inspirierte einen »sakral überhöhten preußisch-friderizianischen Nationalprotestantismus« (Bernhard R. Kroener).

Lange galt Leuthen in Preußen als eine Schlacht von vielen des Siebenjährigen Krieges. Wie wurde sie zur Chiffre für den preußischen Militarismus? Zum einen setzte sich spätestens nach der Reichsgründung 1871 in der preußisch geprägten kleindeutschen Geschichtsschreibung eine Mythisierung Friedrichs II. durch, zum anderen wandelte sich auch der Blick des Generalstabes auf die Geschichte des Siebenjährigen Krieges. Angesichts der geografischen Mittellage des Kaiserreichs zwischen den Großmächten Russland und Frankreich sowie seiner personellen und materiellen Unterlegenheit zog der Generalstab Parallelen zwischen der Lage Preußens im Siebenjährigen Krieg und der des Kaiserreichs. Die kriegsgeschichtliche Abteilung des preußisch dominierten Generalstabes begann daher schon kurz nach der Reichsgründung mit der Auswertung der friderizianischen Kriege.

Der Generalstab suchte nach konstanten Größen, die Preußen den Sieg im Siebenjährigen Krieg ermöglicht hatten und, wenn möglich, seine eigenen Vorstellungen bestätigten. Daraus leitete er eine Rechtfertigung sowohl für einen Präventiv- als auch einen Angriffskrieg ab. Der Siebenjährige Krieg wurde zur Blaupause für den Sieg in einem zukünftigen Angriffskrieg, den er einer von einer »Welt von Feinden umgebenen Nation« garantieren sollte. Nicht zuletzt diente der Siebenjährige Krieg Generalfeldmarschall Helmuth von Moltke d. Ä. als historische Begründung seines operativen Denkens, das auf dem Umfassungsgedanken, der Vernichtungsschlacht, der Nutzung der inneren Linie, dem Aufbau einer qualitativ hochwertigen Streitkraft sowie einer überlegenen Führungskunst fußte.

Bei dieser selektiven Auswertung der siegreichen Schlachten Friedrichs II. ignorierte er jedoch bewusst die Tatsache, dass der preußische König, etwa in der Schlacht von Kolin, immer wieder mit seinen Umfassungsversuchen gescheitert war und dass lediglich bei Leuthen die Umfassung mit der schiefen Schlachtordnung zum Sieg geführt hatte. Denn für den Generalstab war Leuthen das Modell für den siegreichen Kampf in nummerischer Unterlegenheit sowie die strategische Ausnutzung der inneren Linie und damit die einzige sinnvoll erscheinende Strategie für das Deutsche Reich in einem Zweifrontenkrieg. Die zielgerichtete Auswertung bestätigte wie so oft, wenn jemand versucht,

Geschichte nutzbar für die Gegenwart zu machen, die eigene Lageanalyse: Ein Sieg schien nur mittels einer Vernichtungsschlacht als Folge einer operativen Umfassung möglich.

Im Vorfeld des Ersten Weltkrieges sprach der Chef des Generalstabes, Generalfeldmarschall Alfred Graf von Schlieffen, in Anlehnung an die Schlacht von Cannae (216 v. Chr.), die als Muster für eine gelungene Umfassungsschlacht gilt, daher nicht von einem Cannae-Programm, sondern vom Leuthener Programm. Die kriegsgeschichtliche Abteilung betonte die Bedeutung der Schlacht von Leuthen für das operative Denken regelmäßig in ihren Publikationen. Zugleich wurde publikumswirksam mit Denkmälern und an den sogenannten Friedrichstagen oft in sakraler Überhöhung der Schlacht und ihres Feldherrn gedacht.

Die Schlacht war nach Überzeugung des Generalstabes ferner ein klarer Beleg dafür, dass überlegene Führung eine nummerische Überlegenheit des Gegners ausgleichen könne. Dem Genie des Feldherrn komme daher eine überragende Bedeutung für den Sieg zu. Friedrich II. war nach Überzeugung der amtlichen Kriegsgeschichtsschreibung der Prototyp des Feldherrn, denn er habe mit seinem eisernen, unbeugsamen Willen sowie seiner ans Übernatürliche grenzenden Fähigkeit, die Lage intuitiv zu erfassen und angemessen zu handeln, den Sieg errungen. In den Augen vieler deutscher Offiziere des 19. und 20. Jahrhunderts war die historische Analogie der Schlacht zur Gegenwart vor dem Hintergrund der geostrategischen Lage des Reiches keineswegs konstruiert. Im Rahmen dieser selektiven Wahrnehmung verdrängte der Generalstab völlig, dass der Sieg nicht allein der taktischen und operativen Brillanz Friedrichs II., sondern letztlich auch der österreichischen Führungsschwäche zu verdanken war. Diese Tatsache sowie die zweifellos auch auf preußischer Seite gemachten Fehler wurden bei der vom Generalstab betriebenen Mythisierung der Schlacht von Leuthen ebenso gerne verdrängt wie die Erkenntnis, dass nicht die Schlachtenerfolge Friedrichs II., sondern die allgemeine Ermattung der Kriegsparteien, ein zutiefst politischer Vorgang, zum Frieden geführt hatte.

Mit der Niederlage Deutschlands im Ersten Weltkrieg verlor die Schlacht ihre Bedeutung für das operative Denken im deutschen Heer. Angesichts des industriellen Massenkrieges konnte eine Schlacht des Siebenjährigen Krieges nicht mehr taktisch-operativ beispielgebend sein. Der Mythos Leuthen bestand jedoch nicht nur fort, sondern wurde

Otto Gebühr, hier in dem Film *Der große König*, verkörperte zwischen 1920 und 1942 in zwölf Kinofilmen Friedrich »den Großen«.

in der Weimarer Republik sogar noch bedeutender. Verloren habe Deutschland den Ersten Weltkrieg nur, so argumentierte der ehemalige erste Generalquartiermeister der Obersten Heeresleitung General Erich Ludendorff, weil Armee und Nation nicht geeint bis zum Letzten gekämpft hätten. Im Gegensatz zu seinem Vorfahren habe Kaiser Wilhelm II. nicht nur als Feldherr, sondern auch in seiner Rolle als Führer der Nation versagt. Er sei eben kein neuer charismatischer Friedrich II. gewesen. Für den von vielen erwarteten, teilweise sogar herbeigesehnten Revanchekrieg brauche Deutschland daher eine charismatische und gestählte Führungspersönlichkeit. Da viele Deutsche durch den als »Schanddiktat« empfundenen Versailler Friedensvertrag aufgewühlt und gereizt waren, fielen diese Gedanken vor allem in rechten Kreisen auf fruchtbaren Boden.

Angesichts dieser Lage verwundert es nicht, dass zahlreiche Kinofilme über Friedrich II. in der Weimarer Republik – versehen mit dem Prädikat ›volksbildend‹ – zu Publikumsrennern wurden. Im vierten Teil der Fridericus-Rex-Reihe *Schicksalswende* (1923) spielte die Schlacht von

Leuthen eine zentrale Rolle. Mit so perfekt wie nie zuvor inszenierten Massenaufmärschen setzten die Regisseure der UfA sie in Szene. Auch wenn Leuthen im Mittelpunkt des Films stand, ging es darin nicht um die Taktik des von Otto Gebühr verkörperten Friedrich II. Vielmehr sollte wie in allen Friedrich-Filmen zuvor und danach der preußische König als große historische Persönlichkeit und als politisches wie militärisches Vorbild für die Gegenwart gezeigt werden. Die Filme wurden je nach politischer Couleur des Betrachters und der Kritik sehr unterschiedlich aufgenommen. SPD und KPD riefen zum Boykott auf, weil sie in den Filmen eine Verherrlichung der Monarchie sahen; rechte Kreise dagegen waren von den Filmen begeistert, stellten sie doch die charismatische Führergestalt dar, die sie für die Wiederauferstehung Deutschlands ersehnten. Sie feierten die Filme und nutzten diese für ihre politischen Ziele.

Anfang Februar 1933, wenige Tage vor der Machtergreifung der Nationalsozialisten, kam mit dem *Choral von Leuthen* ein Friedrich-Film in die deutschen Kinos, der sich ausschließlich der Schlacht von Leuthen widmete und den berühmten Choral in den Mittelpunkt rückte. Im Laufe der Jahre wurde aus dem »Dankeschoral von Leuthen« ein den Durchhaltewillen stärkendes Trutzlied. Der Film rückte nicht den Schlachtverlauf ins Zentrum des Geschehens, sondern den religiösen Dankgesang der Soldaten und die Worte Friedrichs II. in seiner Ansprache am Vorabend der Schlacht an seine Generale: »Ich werde gegen alle Regeln der Kunst einen beinahe zweimal stärkeren, auf Anhöhen verschanzt stehenden Feind angreifen. Ich muß es thun, oder alles ist verloren. Wir müssen den Feind schlagen oder uns vor ihren Batterien begraben lassen. So denk ich, so werde ich auch handeln.« Damit war der Gipfel der protestantisch-sakralen Überhöhung der mit dem Mythos Leuthen verbundenen Opferbereitschaft und des unbedingten, todesverachtenden Gehorsams gegenüber einer Führerpersönlichkeit erreicht.

Den Nationalsozialisten bot diese Wirkmacht der Friedrich-Filme und besonders des Leuthen-Films die Möglichkeit, ihre spezifischen Botschaften vom unbedingten Durchhaltewillen auch in ausweglosen Lagen sowie vom bedingungslosen Opfermut für den ›Führer‹ über einen nationalkonservativen Mythos zu verbreiten.

Kaum an der Macht, benutzte Reichspropagandaminister Joseph Goebbels den Leuthen-Mythos für die Inszenierung des »Tags von Potsdam« am 21. März 1933. In der Garnisonkirche in Potsdam war der Sarg Friedrichs II. mit Fahnen geschmückt, und zur feierlichen Eröffnung des Reichstags erklang der »Choral von Leuthen«. Somit hatte der nach der Reichsgründung 1871 entstandene Leuthen-Mythos seine endgültige Weihe erhalten.

In den Jahren bis zum Beginn des Zweiten Weltkrieges wurde der Mythos Leuthen als Topos für den heroischen deutschen Soldaten und den unerschütterlichen Glauben an den ›Führer‹, nun Adolf Hitler, publizistisch weiterverbreitet. Gegen Ende des Krieges kamen die Friedrich-Filme wieder verstärkt in die Kinos, und Leuthen wurde propagandistisch mit den Worten »Siegen oder Sterben« zum Fanal des Durchhaltens überhöht. Den Tod des US-amerikanischen Präsidenten Franklin D. Roosevelt im April 1945 empfand man als friderizianisches »Mirakel von Brandenburg«, von dem sich Hitler in seiner Verblendung erhoffte, den Krieg wie Friedrich II. noch gewinnen zu können; es trat für wenige Wochen an die Stelle des Mythos Leuthen.

Nach dem Ende des Zweiten Weltkrieges war kein Platz mehr für die Mythisierung, geschweige denn eine Sakralisierung der Schlacht von

Die nationalsozialistische Propaganda stellte Hitler schon kurz nach der Machtergreifung in die preußische Tradition.

Eine moderne künstlerische Interpretation des »Alten Fritz« gab Katharina Thalbach 2012 in dem Film *Friedrich – ein deutscher König*.

Leuthen. Preußen und besonders die Person Friedrichs II. verloren ihre Faszination dagegen nicht. Auf Anordnung Erich Honeckers wurde das Reiterstandbild Friedrichs II. 1980 wieder an seinem ursprünglichen Standort Unter den Linden aufgestellt. Fast zeitgleich griff die Stiftung Preußische Schlösser und Gärten 1981 mit der Ausstellung »Preußen – Versuch einer Bilanz« das Thema auf. Auch wurden in einem umstrittenen Staatsakt 1991 die Gebeine Friedrichs II. und seines Vaters von dem Stammsitz der Hohenzollern in Hechingen (dorthin waren sie während des Zweiten Weltkrieges ausgelagert worden) nach Potsdam zu ihrer endgültigen Ruhestätte überführt.

➚ ***Rule, Britannia! Britannia rule the waves.*** **Ganz im Sinne der 1750 gedichteten »inoffiziellen Nationalhymne« beherrschte Großbritannien nach 1763 die Weltmeere.**

Von Siegern und Verlierern

Der Siebenjährige Krieg war ein globaler Konflikt, in dem sich schwelende und anfangs unabhängig voneinander entstehende Konflikte in Europa, Nordamerika und auf dem indischen Subkontinent ineinander verflochten. Auf der einen Seite führten Großbritannien und Frankeich mit ihren lokalen Verbündeten einen Krieg in Nordamerika, der Karibik, in Afrika, in Indien und kurz vor Kriegsende sogar auf den Philippinen um die koloniale Vorherrschaft in der Welt. Auf der anderen Seite kämpfte Preußen in einem auf Mitteleuropa begrenzten Krieg, dem sogenannten Dritten Schlesischen Krieg, gegen eine Koalition aus Österreich, Russland, Schweden, Sachsen, einigen deutschen Reichsständen und phasenweise gegen Frankreich.

Beide Kriege liefen die meiste Zeit parallel, aber geografisch getrennt nebeneinanderher. Der Dritte Schlesische Krieg war eingebettet in ein globales Ringen zwischen Frankreich und Großbritannien. Verbunden waren beide Konflikte durch den Kampf zwischen Franzosen und Briten um das Kurfürstentum Hannover, in dem deren koloniale Interessen auf ihre europäischen trafen. Sowohl Frankreich als auch Großbritannien dienten ihren jeweiligen Verbündeten als Hilfstruppen in ihrem weltumspannenden Ringen. Die Habsburgermonarchie Österreich und Preußen wiederum führten ihren eigenen Krieg um Schlesien und damit letztlich um die Herrschaft im Reich. Russland dagegen mischte sich in diesem Konflikt erstmals aktiv in die Geschehnisse in Mitteleuropa ein und wurde aufgrund seiner militärischen Kraft eine wichtige Macht in der sich als Folge des Siebenjährigen Krieges allmählich herausbildenden Herrschaft der fünf europäischen Großmächte, auch Pentarchie genannt.

Frankreich war der große Verlierer des Krieges sowohl in Europa als auch in Übersee. Sein nordamerikanisches Kolonialreich war zerschlagen, und in Indien sowie in der Karibik hatte Großbritannien seinen Kolonialbesitz auf französische Kosten erweitert. Zudem büßte Frankreich seinen Status als europäische Hegemonialmacht ein. Auch die Habsburgermonarchie hatte ihr Ziel, Schlesien zurückzuerobern, nicht erreicht und musste Preußen als Großmacht im Reich anerkennen. Spanien und Schweden verloren weiter an Einfluss und schieden endgültig aus dem Kreis der Großmächte aus.

Weitere Verlierer waren die nordamerikanischen Indigenen. Weder mit Waffengewalt noch mit Verträgen gelang es ihnen in den nächsten

Das System der Pentarchie 1756–1763

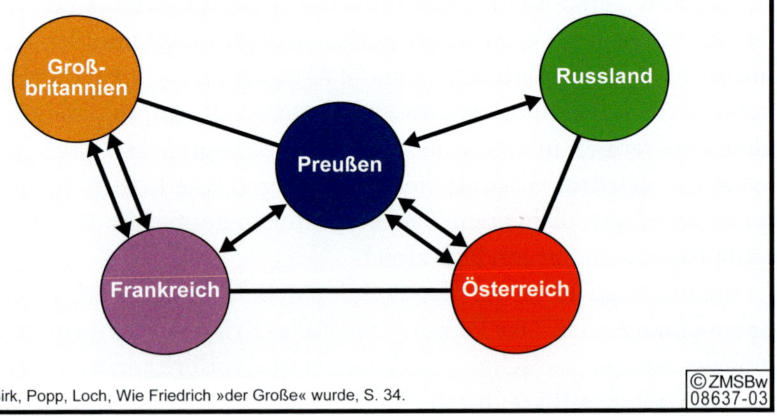

Quelle: Birk, Popp, Loch, Wie Friedrich »der Große« wurde, S. 34.

Jahren, das weitere Vordringen europäischer Siedler in die von ihnen bewohnten Territorien zu verhindern. Die europäischen Siedler andererseits sahen sich ebenfalls als Verlierer, da Großbritannien ihr Vordringen nach Westen zu unterbinden versuchte. Auch die in Indien existierenden Großreiche profitierten nicht vom Krieg. Konfrontiert mit der überlegenen militärischen Organisation und Taktik konnten sie der Ausweitung der britischen Herrschaft über den indischen Subkontinent nichts entgegensetzen.

Preußen dagegen ging gestärkt aus dem Krieg hervor. Zwar hatte es ihn nicht im eigentlichen Sinne gewonnen, »eher im Sinne eines Unentschiedens überlebt« (Marian Füssel), aber sein territorialer Besitzstand blieb unverändert, und es rückte als fünfte Großmacht in das Konzert der europäischen Mächte auf. Zugleich begann der preußisch-österreichische Dualismus, der die deutsche und europäische Geschichte für 100 Jahre nachhaltig bestimmte und erst mit der österreichischen Niederlage in der Schlacht von Königgrätz 1866 endete.

Der große Gewinner des Krieges war aber Großbritannien. Es hatte Frankreich eine schwere Niederlage zugeführt und damit den Grundstock für seine Stellung als weltweit führende Kolonial- und Seemacht im 19. Jahrhundert gelegt. Aber der Sieg barg auch schon den Keim einer bedeutenden Niederlage. Der Konflikt um die europäische Landnahme in Nordamerika schwelte auch ohne die Franzosen weiter. Die europäischen Kolonisten waren nicht nur über die Siedlungsverbote westlich der Appalachen, sondern auch über die ihnen vom Mutterland auferlegten Handelshemmnisse verärgert. Der Versuch, die hohen Kosten des Siebenjährigen Krieges durch höhere Steuern in den nordamerikanischen Kolonien ohne Gewährung politischer Teilhabe zu finanzieren, führte 1775 schließlich unter dem Slogan *no taxation without representation* zum Ausbruch des Amerikanischen Unabhängigkeitskrieges. Letztendlich folgte daraus 1783, sechs Jahre vor Beginn der Französischen Revolution, die Unabhängigkeit der Vereinigten Staaten von Amerika.

Sieger und Verlierer mussten einen gleichermaßen hohen wirtschaftlichen und menschlichen Preis bezahlen. In dem weltumspannenden Konflikt sind wahrscheinlich über 850 000 Soldaten gefallen. Allein im Kampf um Schlesien verloren 180 000 preußische, 120 000 russische und 140 000 österreichische Soldaten ihr Leben. Sie fielen entweder auf dem Schlachtfeld, erlagen ihren Verwundungen oder starben an Seu-

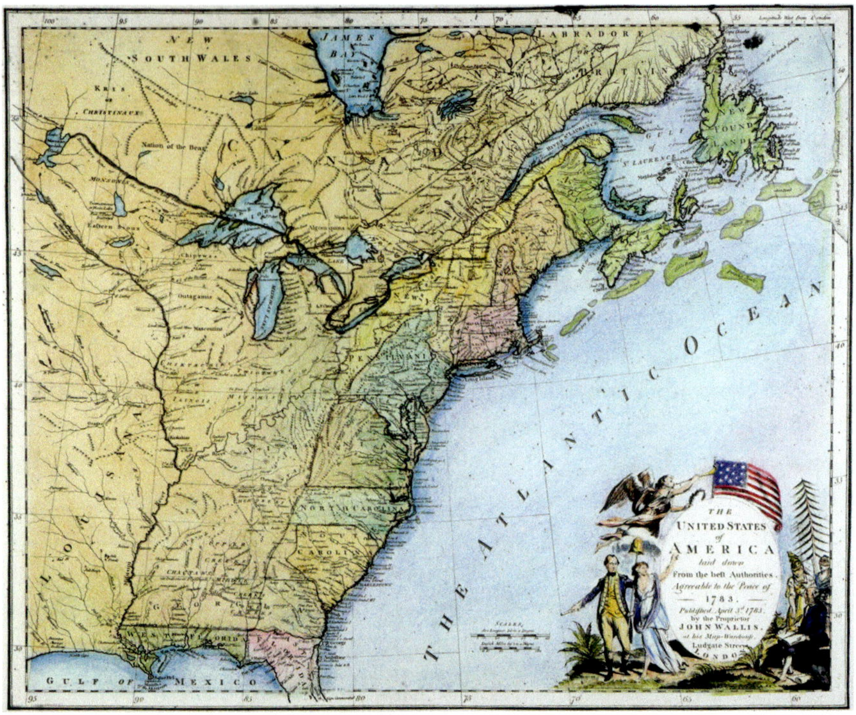

Die erste gestochene Karte der Vereinigten Staaten nach der Friedenserklärung von 1783.

chen. Teile Preußens und große Teile Sachsens waren verwüstet. In Österreich starben über 300 000 Frauen, Männer und Kinder. Preußen hatte den höchsten Blutzoll an Opfern zu tragen. Neben den gefallenen Soldaten überlebten 400 000, und damit knapp zwölf Prozent, seiner Einwohner den Krieg nicht. Diese Zivilisten fielen in allen Kriegsgebieten nicht nur Hunger und Krankheiten, sondern – wenngleich seltener als in den Kriegen zuvor – auch marodierenden, mordenden und oft auf Befehl plündernden Soldaten zum Opfer. Es fällt daher schwer, an dem Bild der »gezähmten Bellona« oder des »eingehegten Krieges« im Zeitalter der Kabinettskriege festzuhalten. Die Kriegskosten auf allen Seiten waren enorm und zwangen die Staaten zusammen mit der allgemeinen Erschöpfung zu den Friedenschlüssen von Paris und Hubertusburg.

Am Ende stellt sich die Frage, warum Großbritannien und Preußen den Krieg gewonnen beziehungsweise überlebt, Österreich und Frankreich ihn hingegen verloren haben. Schließlich konnte Frankreich eine starke Armee von bis zu 460 000 Mann ins Feld führen. Ferner war seine Marine zu Kriegsbeginn der britischen nicht hoffnungslos unterlegen. Als Land mit 24 Millionen Einwohnern verfügte Frankreich über eine gut entwickelte Wirtschaft und zudem über ein großes Kolonialreich mit gewinnbringenden Kolonien. Weshalb gelang es Ludwig XV. und seinen Beratern dann nicht, diese Ressourcen zielgerichtet zu mobilisieren? In erster Linie lag das an ihrer wechselhaften Strategie. Beispielsweise gab man trotz des weltumspannenden Konflikts das zwingend notwendige ambitionierte maritime Rüstungsprogramm wegen Geldnöten auf, um die dann doch vorhandenen Gelder anderweitig zur Landkriegführung in erster Linie in Europa zu verwenden. Auch der im Vorfeld des Krieges eher wankelmütig durchgeführte Koalitionswechsel sowie der Plan, das Kurfürstentum Hannover als Faustpfand für erwartete koloniale Verluste zu erobern, offenbaren die politischen Schwächen der französischen Führung, deren Denken immer noch eher kontinental als global geprägt war.

In Großbritannien setzte sich trotz innerer Machtkämpfe über die strategische Ausrichtung des Krieges letztlich in den entscheidenden Fragen Pitt durch. Er konzentrierte die britische Macht auf die See- und Kolonialkriegführung und verstärkte dazu kontinuierlich die Royal Navy. Nach anfänglichem Zögern akzeptierte er auch die Notwendigkeit eines kontinentalen militärischen Engagements zum Schutz des Kurfürstentums Hannover und zur Bindung der französischen Ressourcen. Ferner mobilisierte Großbritannien konsequent seine ökonomischen und militärischen Ressourcen, um sie zielgerichtet für seine globale Kriegführung einzusetzen.

Österreich dagegen scheiterte daran, den Koalitionskrieg politisch und militärisch zielgerichtet zu führen und nicht zuletzt die Eigeninteressen und das Misstrauen unter den Verbündeten zu überwinden. Zudem war die österreichische Armee trotz ihrer Reorganisation vor 1756 immer noch nicht auf dem Stand der preußischen. Auch ihre Feldherren agierten oft taktisch und operativ ungeschickt.

Preußen dagegen überlebte nicht nur dank dem eisernen Willen Friedrichs II., der in seiner Person Feldherr und Staatschef vereinte sowie wie Großbritannien alle ökonomischen Ressourcen zur Kriegführung mobilisierte, sondern auch dank der Unfähigkeit seiner Gegner zur Koalitionskriegführung. Dies alles hätte jedoch wahrscheinlich nicht ausgereicht, wäre Russland infolge des Todes von Zarin Elisabeth nicht aus dem Krieg ausgeschieden. Beide Bonmots Friedrichs II. vom »Mirakel des Hauses Brandenburgs« sowie von der »göttlichen Eselei meiner Feinde« treffen also den Kern der Sache.

Welche Besonderheiten kennzeichneten den Siebenjährigen Krieg? Er war allenfalls auf den Schlachtfeldern Mitteleuropas ein Kabinettskrieg. In Übersee handelten die Akteure immer wieder, zumal aufgrund der großen Entfernungen und der weitgefassten Instruktionen, so selbstständig, dass die Kabinette in Versailles und London auf ihre Entscheidungen reagieren mussten. Aber auch auf dem europäischen Kriegsschauplatz waren die Feldherren vor Ort nicht immer die willigen Vollstrecker der Befehle ihrer Regierenden. Daun etwa ignorierte immer wieder die Befehle aus Wien, die Schlacht zu suchen. Er stellte sich erst, wenn er sich seines Sieges sicher sein konnte.

Im Siebenjährigen Krieg konnten ungeachtet allem preußischen Siegesgebaren weder die Schlachtensiege Friedrichs II. noch die Verzögerungstaktik Dauns eine operative Entscheidung herbeiführen. Die deutlich kleineren Gefechte in Nordamerika, der Karibik und auf dem indischen Subkontinent führten dagegen zu Entscheidungen, die eine fast zwei Jahrhunderte andauernde europäische Dominanz einleiteten. Wirklich manifest wurde diese Überlegenheit, wenn auch nur für ein Menschenalter, erst gegen Ende des 19. Jahrhunderts.

Der Siebenjährige Krieg war nicht immer ein »gehegter Krieg«. Nicht die »gezähmte Bellona«, sondern die ungezähmte Kriegsfurie erhob, je länger der Krieg dauerte, nicht nur in Nordamerika, sondern auch auf dem europäischen Kriegsschauplatz immer häufiger ihr Haupt. Beispielsweise plünderte Friedrich II. Sachsen gnadenlos aus, um seine Armee zu versorgen und seinen Krieg zu finanzieren. Von einer europäischen Be- und einer außereuropäischen Entgrenzung des Krieges kann also keine Rede sein

Nicht zuletzt war der Siebenjährige Krieg keineswegs der eigentliche »Erste Weltkrieg«, sondern lediglich ein weltumspannender Krieg europäischer Mächte, der unter Einbeziehung örtlicher Verbündeter auch in Gebieten außerhalb Europas geführt wurde und in Zukunft erhebliche Auswirkungen auf die Menschen dort haben sollte.

Anhang

Zeittafel

1740–1748	Österreichischer Erbfolgekrieg (1. und 2. Schlesischer Krieg)
1744–1748	1. Karnatischer Krieg
1751–1754	2. Karnatischer Krieg
1754–1763	*French and Indian War*

1755

9. Juli	Schlacht am Monongahela

1756

1756–1763	Siebenjähriger Krieg (3. Schlesischer Krieg)
1756–1763	3. Karnatischer Krieg
16. Januar	Konvention von Westminster
21. April	Eroberung Menorcas
17. Mai	Kriegserklärung Großbritanniens an Frankreich
1. Mai	Vertrag von Versailles
15. August	Kapitulation von Fort Oswego
29. August	Preußischer Einmarsch in Sachsen
1. Oktober	Schlacht bei Lobositz

1757

1. Mai	Offensivbündnis zwischen Frankreich und Österreich
6. Mai	Schlacht bei Prag
18. Juni	Schlacht bei Kolin
23. Juni	Schlacht bei Plassey (Indien)
26. Juli	Schlacht bei Hastenbeck
10. September	Konvention von Zeven
5. November	Schlacht bei Roßbach
5. Dezember	Schlacht bei Leuthen

1758

23. Juni	Schlacht bei Krefeld
8. Juli	Schlacht um Fort Ticonderoga
26. Juli	Briten erobern die Festung Louisbourg
25. August	Schlacht bei Zorndorf
14. Oktober	Schlacht bei Hochkirch

1759

23. April	Eroberung von Guadeloupe
1. August	Schlacht bei Minden
12. August	Schlacht bei Kunersdorf
18. September	Kapitulation von Québec
20. November	Seeschlacht von Quiberon

1760

22. Januar	Schlacht bei Wandiwash
15. August	Schlacht bei Liegnitz
3. November	Schlacht bei Torgau
8. November	Kapitulation von Montreal

1761

15. Januar	Kapitulation von Pondicherry
15. Juli	Schlacht bei Vellinghausen
15. August	Erneuerung des bourbonischen Hausvertrages

1762

4. Januar	Kriegserklärung Großbritanniens an Spanien
5. Mai	Friede von Sankt Petersburg

22. Mai	Friede von Hamburg
11. August	Kapitulation von Havanna
6. Oktober	Kapitulation von Manila
8. November	Kapitulation von Kassel
15. November	Waffenstillstand für Nordwestdeutschland
24. November	Waffenstillstand zwischen Preußen und Österreich

1763

10. Februar	Friede von Paris
15. Februar	Friede von Hubertusburg

Literaturhinweise

Anderson, Fred: Crucible of War. The Seven Year's War and the Fate of Empire in British North America 1754–1766. New York 2000.

Baugh, Daniel: The Global Seven Years War 1754–1763. London / New York 2014.

Birk, Eberhard / Loch, Thorsten / Popp, Peter Andreas (Hrsg.): Wie Friedrich »der Große« wurde. Eine kleine Geschichte des Siebenjährigen Krieges 1756 bis 1763. Freiburg u. a. 2012.

Blanning, Tim: Friedrich der Große. König von Preußen. Eine Biographie. München 2018.

Bremm, Klaus-Jürgen: Preußen bewegt die Welt. Der Siebenjährige Krieg 1756–63. Darmstadt 2017.

Bungert, Heike: Die Indianer. Geschichte der indigenen Nationen in den USA. München 2020.

Duffy, Christopher: Sieben Jahre Krieg 1756–1763. Die Armee Maria Theresias. Wien 2003.

Dull, Jonathan R.: The French Navy and the Seven Year's War. Lincoln u. a. 2005.

Externbrink, Sven (Hrsg.): Der Siebenjährige Krieg. Ein europäischer Weltkrieg im Zeitalter der Aufklärung. Berlin 2011.

Fiedler, Siegfried: Grundriß der Militär- und Kriegsgeschichte. Erster Band: Die stehenden Heere im Zeitalter des Absolutismus. 1640–1789. München 1972.

Fiedler, Siegfried: Taktik und Strategie der Kabinettskriege 1650–1792. Augsburg 1986.

Füssel, Marian: Der Preis des Ruhms. Eine Weltgeschichte des Siebenjährigen Krieges 1756–1763. München 2019.

Guddat, Martin: Die Infanterie Friedrichs des Großen. Stuttgart 2012.

Kroener, Bernhard: »Nun danket alle Gott« – »bis zur letzten Patrone«. Schlachtenmythen als Bestandteil einer politisch instrumentalisierten kollektiven Erinnerungskultur am Beispiel Leuthen, Sedan und Stalingrad. In: Ralf Pröve, Bruno Thoß (Hrsg.): Kriegerische Gewalt und militärische Präsenz in der Neuzeit. Ausgewählte Schriften. Paderborn u. a. 2008.

Luh, Jürgen: Kriegskunst in Europa 1650–1800. Köln u. a. 2004.

Mattioli, Aram: Verlorene Welten. Eine Geschichte der Indianer Nordamerikas 1700–1910. Stuttgart 2017.

Ortenburg, Georg: Waffen der Kabinettskriege 1650–1792. Augsburg 1986.

Pröve, Ralf: Hausgast in Uniform. In: Damals. H. 5 (2013). S. 56–61.

Tracey, Nicholas: The Battle of Quiberon Bay, 1759: Hawke and the Defeat of the French Invasion. South Yorkshire 2010.

Abbildungsnachweis

akg-images: 21, 23, 24, 33, 36, 52/53, 58; 68, 75, 101, 103, 128, 140, 145; 7 North Wind Picture Archives; 15 Album/Prisma; 17 Erich Lessing; 29 Elizaveta Becker; 35 INTERFOTO/HERMANN HISTORICA GmbH; 44/45 De Agostini Picture Lib./M. Seemuller; 65 Günter Schneider; 102 Sotheby's

Bayerische Schlösserverwaltung: 31 Maria Custodis, München

Bpk Bildagentur: 41; 69 Staatsbibliothek zu Berlin; 88 RMN – Grand Palais/Gérard Blot; 92 Nationalgalerie, SMB/Klaus Göken; 134 Staatsbibliothek zu Berlin/Ruth Schacht; 137 Kupferstichkabinett, SMB/Dietmar Katz; 142 Deutsches Historisches Museum/Indra Desnica

Bridgeman Images: 12; 9, 148 Granger; 18/19 Archives Charmet; 26 Christie's Images; 47 Look and Learn; 48, 112/113, 130/131 National Maritime Museum, Greenwich, London; 51 Don Troiani. All Rights Reserved 2023; 60/61, 72 National Museum of the Royal Navy; 62 Universal History Archive/UIG; 71 Lebrecht History; 82 Everett Collection; 83 Bonhams, London, UK; 98, 105 National Army Museum; 109 Brown University Library; 115 National Trust Photographic Library; 120/121 Tarker; 133 G. Dagli Orti © NPL – DeA Picture Library

Heeresgeschichtliches Museum, Wien: 39 HGM 2335/2021; 43 HGM 10254/2015; 55 HGM 7252/2016; 78/79 HGM 3384/2012, 99 HGM 11604/2010

picture alliance: 66 imageBROKER | AnnaReinert; 143 dpa | Nestor Bachmann

Personenregister